ZONES NOIRES

ÉDITIONS WARTBERG

1re édition, 2016

Un département de
Wartberg Verlag GmbH & Co. KG.
Im Wiesental 1
34281 Gudensberg-Gleichen
Allemagne

Couverture : © fotolia/JONATHAN.
Conception graphique : Ravenstein 2, Verden.
Imprimé en Allemagne sur les presses de Thiele & Schwarz, Kassel.

ISBN : 978-3-8313-2937-3

ZONES NOIRES

OLIVIA DUPUY

SUR PAROLE

FAUSSES NOTES EN RÉ

ÉDITIONS WARTBERG

Quiconque combat des monstres doit s'assurer qu'il ne devient pas lui-même un monstre, car, lorsque tu regardes au fond de l'abîme, l'abîme aussi regarde au fond de toi.

Friedrich Nietzsche

9 septembre

La couleur rousse de sa longue chevelure tranche avec le vert des herbes et des algues. Son corps nu est à moitié immergé et ses yeux grands ouverts fixent sans émotion le ciel bleu de ce mois de septembre. L'île s'est vidée de sa population estivale et la réserve naturelle de Lilleau des Niges a retrouvé un peu de calme. Les oiseaux ne semblent pas effrayés par ce corps sans vie. Le sel du marais s'est déposé sur sa peau dorée et laisse une fine ligne de flottaison sur ses bras, sa poitrine et ses jambes. Une avocette élégante fouille la vase de son bec recourbé et reste à bonne distance du corps. Le vent souffle doucement ce matin, emportant avec lui des parfums de sel et de salicorne. Le ciel bleu est parsemé de nuages blancs à l'horizon, il fait 20°C et la météo marine indique un temps clair et ensoleillé pour les trois prochains jours. Sur sa poitrine dévoilée brille une pyramide blanche parfaitement modelée, dont les arêtes tranchent avec les courbes douces de ses seins et les rondeurs de son corps. Entre sa lèvre supérieure et son nez, deux droites parfaitement rectilignes et parallèles ont été tracées. La blancheur étincelante de cette poudre fine offre un contraste saisissant avec son visage rougi et congestionné, parsemé de taches de rousseur. La femme est entièrement nue. Sur son cou, l'abrasion de la peau dévoile la trace d'un pouce sur la trachée aplatie et des ecchymoses dues à la force de pression des mains. Sa face est cyanosée et ses globes oculaires tachés de sang. Des cristaux de sel, accrochés à ses cheveux, forment une couronne de lumière autour de son visage. Au loin, le clocher d'Ars, grande flèche noire et blanche servant d'amer pour les bateaux, sonne 8 heures. La piste cyclable qui serpente entre les marais est déserte à cette heure-là. La femme sera découverte un peu plus tard, par un couple de touristes anglais venu chercher un peu d'intimité loin des chemins balisés de la réserve. Lui restera un long moment à regarder ce corps sans vie, subjugué par ses formes parfaites et cette longue chevelure rousse, tandis qu'elle hurlera un long moment, les yeux fixés sur son cou bleui et son regard éteint.

Se perdre sur l'île alors qu'il n'y a qu'une route principale est stupide, mais s'entêter à désobéir au GPS sous prétexte que son sens de l'orientation est meilleur est impardonnable. Le commissaire Meyer met plus de deux heures à atteindre la réserve naturelle de Lilleau des Niges, après une visite approfondie de l'ouest de l'île et de ses chemins secondaires. À son arrivée, son adjoint, le lieutenant Privat, le regarde de travers. Grand, dégingandé, visage effilé, Privat est un cow-boy solitaire. L'ancien commissaire avait prévenu Meyer : « Privat est un bourreau de travail, à l'esprit aiguisé et au sixième sens déconcertant. Piètre buveur et aussi charismatique que mes chaussettes, il fait avancer des situations restées au point mort depuis des lustres. Vous êtes verni. » Privat désigne les herbes piétinées au bord du marais, où flotte le corps de la femme, et explique patiemment à Meyer :

– Pas de trace de pneu, j'ai vérifié tout autour, rien de valable. Juste ces herbes couchées sur quelques mètres. Aucune trace de vêtements. L'assassin a dû repartir avec – à moins qu'elle soit arrivée nue ici. Vivante ou morte, l'autopsie nous le dira peut-être. Pas de trace visible de lutte dans les alentours. L'unité cynophile de La Rochelle est en route. Je n'ai pas encore vu le corps de près, mais c'est apparemment une vraie rousse.

Meyer apprécie la minutie du compte rendu. Il cligne des yeux en raison de la forte luminosité et regrette ses lunettes noires oubliées dans la boîte à gants. Se protégeant du soleil avec sa main droite, il s'approche du marais. Deux membres de la police scientifique s'affairent autour du corps, de l'eau jusqu'aux genoux. Ils font signe à Meyer de ne pas s'avancer plus. Le lieutenant Privat, dans son dos, continue :

– La victime est une femme blanche, entre 20 et 25 ans, 1,70 mètre environ, cheveux roux, yeux verts, entièrement nue. Présente tous les stigmates de la strangulation. Pas d'autres lésions apparentes sur le corps. A séjourné plusieurs heures dans l'eau, vu l'aspect de sa peau sur les paumes des mains et les plantes des pieds. Découverte à 9h15 ce matin par un couple d'Anglais, que je viens d'interroger. Je les ai autorisés à repartir aux Portes-en-Ré, où ils habitent, avec obligation de rester sur l'île.

Meyer est hypnotisé par les cheveux roux de la femme, qui forment autour de son visage tuméfié une auréole de douceur et de lumière. Cela lui rappelle les images pieuses de son enfance, de ces saintes en prière, mains jointes et regards soumis accrochés aux nuages. Le vent fait scintiller la surface de l'eau et Meyer croit voir dans ces jeux de lumière l'illumination de la grâce divine. Derrière lui, son lieutenant s'impatiente :

– Tu as vu ? Deux lignes de poudre blanche sous le nez, une pyramide entre les seins... je n'ai jamais vu ça ! Tu as remarqué la différence de couleur ? Vu d'ici, j'ai l'impression qu'il s'agit de deux matières distinctes : les lignes sont beaucoup plus blanches que la pyramide. Les gars de la scientifique penchent pour du gros sel et de la farine. En tout cas, ce n'est pas de la cocaïne, sûr et certain. Peut-être un truc de drogué, un règlement de compte ciblé, mais ça n'explique pas le sel sur la poitrine – si c'est bien du sel...

– Ils emmènent le corps à La Rochelle ?

– Oui, le légiste travaille là-bas. C'est un surdoué dans sa profession, qui ne laisse rien passer. Il doit sa réputation à sa capacité de dater à la minute près l'heure du décès.

Un des hommes de la scientifique leur fait signe d'approcher :

– On vous la laisse cinq minutes ?

Le commissaire se déchausse et entre prudemment dans le marais, qui prend une teinte rose autour de ses mollets blancs. La femme flotte entre deux eaux, quelques cheveux collent à son visage tandis que des mèches claires recouvrent son sein droit. Le mamelon gauche est brûlé par le soleil et le sel. Ses yeux vert émeraude sont grands ouverts, recouverts d'une fine pellicule blanche, injectés de taches rouges. Pas de lésions visibles sur le reste du corps, seul le cou porte les stigmates de l'agression. Le policier fait le point :

– Peu d'indices malheureusement. La Polilight n'a rien révélé sur le corps ou le sol aux alentours, ni salive, ni empreinte, ni sang, ni sperme. Le principal problème est la présence d'eau, et de la forte teneur en sel, qui détruit rapidement les indices. L'auteur portait sans doute une combinaison intégrale avec gants : il n'y a pas de stigmates unguéaux au niveau de l'épiderme de la victime, uniquement la trace du pouce sur la trachée et une abrasion importante de la peau au niveau du cou. La strangulation est, sans aucun doute, la cause du décès. Le médecin légiste vous le confirmera. Les environs de la scène sont muets et, excepté ces quelques herbes piétinées, l'auteur a pris de multiples précautions pour ne laisser aucune trace, aucun indice derrière lui. Quant à nous, nous avons fini les prélèvements, le corps peut partir à La Rochelle.

L'homme s'éloigne. Privat se tourne vers Meyer qui, penché sur le corps de la femme, semble songeur :

– Seul signe distinctif pour l'identification du corps : sa couleur de cheveux. Est-elle morte à cause de cela ?

Meyer n'entend pas la suite en raison des aboiements d'Ulysse, le chien de l'unité cynophile. Son maître, un gendarme à l'allure adolescente, s'approche du lieutenant.

– Il me faudrait un vêtement ayant appartenu à la victime.

Privat sourit, montre du doigt le corps nu. Le gendarme se tourne vers le commissaire, pieds dans la vase :

– Vous pourriez frotter un tissu sur son corps, pour l'imprégner de son odeur ?

Le gendarme lui tend deux gants en latex et un morceau de tissu plié dans un emballage hermétique. Meyer s'exécute sans un mot, enfile les gants qui résistent un moment, libère le tissu et choisit le bras droit, le plus proche de lui. Le contact est... effrayant et Meyer se dépêche d'accomplir sa mission.

Quelques instants plus tard, Ulysse, nez à terre, tente de remonter la piste contenant ces mêmes molécules, en vain. Très vite, il tourne en rond malgré les encouragements de son maître. Le chien finit par se coucher au pied du gendarme, qui déclare :

– Négatif. Aucune trace.

Le commissaire lui demande d'élargir le périmètre : village, marais, piste cyclable. Le chien et son maître s'éloignent. Privat répète à l'intention de Meyer :

– Est-elle morte à cause de la couleur de ses cheveux ?

– Elle est entièrement nue, ce qui laisse entrevoir d'autres hypothèses : abus sexuel, viol, exhibitionnisme, rencontre amoureuse, bain de minuit qui dégénère... Les possibilités sont nombreuses, non ? Pour l'identification de la victime, tu recoupes tout de suite avec le registre des disparitions. Des indices du côté des Anglais qui l'ont découverte ?

– Ils se baladaient à pied dans les marais ce matin lorsqu'ils ont vu le corps flotter dans l'eau. Ils ont immédiatement appelé le 15. Ils affirment qu'ils n'ont croisé personne en venant.

Le commissaire hausse les épaules, regagne la berge et s'assoit pour enfiler ses chaussettes. Il soupire.

– Et ils n'ont rien remarqué de particulier, c'est ça ?

Privat, qui attend patiemment le commissaire, résume :

– C'est ça.

Meyer se relève et scrute les alentours, troublé par l'absence de points hauts dans ce paysage au ras de l'eau. Le ciel domine et écrase tout relief. Ici, les arbres se développent à l'horizontal et la tectonique des plaques est priée d'aller jouer ailleurs. Le commissaire sourcille :

– À qui appartient la réserve ? À l'État ?

– Au Conseil régional si mes souvenirs sont bons.

– Est-ce que les marais salants sont exploités dans la réserve ?

– Non, la zone est réservée à la protection de la faune et de la flore.

– Donc peu de chances de trouver un témoin de ce côté-là... Le village des Portes-en-Ré est loin ?

Privat agite le bras dans une vague direction, puis une autre.

– À quelques centaines de mètres au nord. Tu connais ?

Meyer secoue la tête. Privat explique avec patience, d'une voix qui hérisse Meyer :

– Les Portes, c'est le village le plus cher de l'île : quelques stars de cinéma, un golf et une plage magnifique. Mais rien à voir avec la Côte d'Azur, ici les stars se déplacent en vélo et se baignent sur les plages de l'île comme tout le monde.

– Il n'y a que la piste cyclable pour s'y rendre depuis la réserve ? Pas de route ou de sentier de randonnée ?

– Non, seulement cette piste.

Le commissaire Meyer enlève sa veste, commence à marcher dans une des deux directions indiquées par Privat, se ravise et emprunte le chemin par lequel il est arrivé, qui débouche un peu plus loin sur la piste cyclable. Meyer se sent obligé de préciser :

– J'aimerais refaire le trajet à pied, repérer les alentours, vérifier si la scène est exposée aux regards... Où sont les habitations les plus proches ?

– À l'entrée des Portes-en-Ré. Je t'accompagne.

L'air est encore chaud pour septembre. Les deux hommes se mettent en route.

– À priori, elle est morte cette nuit. Difficile de trouver un témoin dans ces conditions...

– Peu de moyens d'accès, une zone déserte sans vis-à-vis... Finalement son corps aurait pu rester là longtemps sans être découvert...

La piste serpente au milieu de la réserve et des marais. Deux cyclistes habillés de shorts à fleurs façon Hawaï, planche de surf sous le bras, croisent un groupe de randonneurs qui, accompagnés d'un guide, découvrent émerveillés les sternes pierregarin, les échasses blanches ou les gorge-bleues à miroir. Le commissaire et son adjoint marchent au bord de la piste et s'arrêtent tous les vingt pas pour repérer les lieux. Mais très vite, buissons et bosquets d'arbres cachent la zone à ras de terre. Privat se tourne vers le commissaire :

– Je vais voir la police municipale, vérifier si on leur a signalé une disparition ou des faits suspects hier soir. Tu viens ?

– Je te laisse faire, je veux prévenir le légiste, qu'il passe l'autopsie en priorité, puis m'assurer qu'Ulysse a fait son boulot.

– OK. À tout à l'heure.

Meyer regarde sa montre, décide de faire un tour rapide dans le village. Il est surpris par la blancheur et la simplicité des maisons, loin de l'image des stars de cinéma et de leurs villas tape-à-l'œil du sud de la France. En plein cœur du village, sur une place fréquentée, quelques couples dégustent un verre de rosé à la terrasse d'un café tandis qu'un groupe de jeunes se réveille d'une nuit visiblement bien arrosée. Meyer s'adosse à une maison ombragée et appelle le légiste, qui ne décroche pas. L'ombre est la bienvenue tant le soleil est aveuglant. Le commissaire se sent dépaysé, la chaleur en Alsace est bien différente. Ici, l'humidité de la mer n'est jamais loin, l'air est salé, presque collant. Meyer pense à la carte postale pleine de cigognes envoyée par sa fille : « *L'île de Ré est un caillou plat couvert de familles nombreuses qui sourient*[1]. Bon courage pour ton nouveau poste ! » L'Alsace lui paraît loin.

Place des Marais de la Prée, Meyer entre dans l'office du tourisme. Devant lui, un couple en t-shirt Lacoste se renseigne sur les cours de surf pour leur fils, avachi dans un fauteuil, baskets Vans et t-shirt portant l'inscription : *Et puis au pire on meurt.*

– *Ré-surf* propose des cours de surf tous les jours, cours collectifs ou individuels. Je vous donne la brochure du club avec son numéro. Demandez Julien, c'est lui le responsable. Dites que vous appelez de la part de Martine, de l'office des Portes-en-Ré, il vous fera une réduction.

Le couple remercie et s'éloigne, suivi quelques mètres derrière par leur fils qui, déplié, atteint une hauteur considérable. Meyer s'approche de l'hôtesse.

– Bonjour. Je suis arrivé hier avec ma fille de 20 ans et je ne connais pas du tout l'île. Où se retrouvent les jeunes de cet âge-là ? Il y a des boîtes de nuit sur l'île, ou bien des concerts ? Hier soir, j'ai cru entendre de la musique... il y avait quelque chose aux Portes-en-Ré ou dans les environs ?

– Sur l'île, il n'y a peu de programmation pour les jeunes, ils font des fêtes privées ou sortent en boîte à Saint-Martin, au Boucquingam ou à *La Pergola*. Ils se retrouvent la nuit sur les plages. Pour la musique hier soir, je ne vois pas...

[1] Frédéric Beigbeder, *L'Égoïste romantique*.

Elle se tourne vers sa collègue qui finit une conversation téléphonique :

– Il y avait une fête hier soir ici ?

L'employée secoue la tête. Martine reprend :

– Non, ce devait être des particuliers, pas de concert ici hier soir. Pour votre fille, le surf est un bon moyen de rencontrer d'autres jeunes. Je vous donne la brochure du club. Vous pouvez appeler Julien, le responsable du club. Dites que vous appelez de la part de Martine, il ...

Meyer sourit et saisit la brochure.

– Je sais, je sais, merci. Au fait, les marais salants, qui se trouvent à l'intérieur de la réserve, sont-ils exploités ?

– Non, le dernier marais salant a été fermé en 1976. Si ça vous intéresse, il y a la Maison du Fier, un ancien hangar à sel reconverti en écomusée. C'est à cinq minutes à pied d'ici. Voici le dépliant.

Meyer la remercie et sort, brochures sous le bras. Il doit faire un sérieux effort d'orientation pour retrouver la direction de la réserve. Non loin de la piste cyclable, il aperçoit Ulysse et le gendarme, qui semble rajeunir à mesure que les heures passent. Meyer demande avec anxiété :

– Est-ce qu'il a trouvé quelque chose ?

– Rien, Ulysse a tourné un long moment mais aucun résultat. Aucune piste à signaler.

– Et les environs ?

– Rien jusqu'aux Portes-en-Ré, que ce soit par les marais ou par la piste.

– Hé merde ! En tout cas, merci à vous deux.

Son portable sonne. C'est Privat.

– Rendez-vous dans quinze minutes à Saint-Clément-des-Baleines, près de la route principale. Le camping des Baleines, emplacement quatorze. Nous venons de découvrir l'identité de la fille.

Attristé par le manque d'imagination du propriétaire

quant au nom de son camping, Meyer rejoint le lieutenant en quelques minutes. À l'emplacement quatorze est entassée une multitude de sacs et de valises à roulettes avec, au sol, quatre carrés d'herbes jaunies en guise de souvenir. Le lieutenant Privat est entouré d'un groupe de jeunes, visiblement bouleversés. Trois filles se tiennent serrées les unes contre les autres, les yeux rougis ; l'une d'elle sanglote.

Le lieutenant se tourne vers Meyer :

– Ils ont formellement reconnu la victime d'après la photo : Laetitia Giraud, 23 ans, étudiante en master édition à Toulouse, en vacances sur l'île de Ré depuis quinze jours avec ses amis, tous présents ici. Ils devaient prendre le train de 15h03 à La Rochelle aujourd'hui, direction Toulouse ... L'absence de Laetitia les a rapidement inquiétés.

La fille en larmes et en short ultracourt éclate en sanglots. Un des garçons, bermuda beige et t-shirt rayé, tente de la réconforter. Des campeurs intrigués s'arrêtent pour regarder la scène. Meyer s'éclipse et demande au gérant l'autorisation d'utiliser la salle de restauration, fermée à cette heure-ci. Les jeunes, silencieux, y prennent place, serrés par grappes sur les tables en plastique. L'air sent la graisse froide et le produit ménager. Le commissaire Meyer prend la parole, tristement conscient de son âge avancé et de son ventre bedonnant.

– Pouvez-vous vous présenter ?

Le garçon au bermuda beige et polo rayé prend la parole :

– Moi, c'est Boris, je suis étudiant avec Laetitia dans la même fac. Voici Médéric et Ethan, étudiants en histoire de l'art.

Une des filles, lunettes de soleil et bandana sur la tête, a la voix qui tremble.

– Je m'appelle Jeanne. À côté de moi, c'est Anne et là-bas, c'est Lina.

Lina est toujours en larmes, accrochée à Ethan. Meyer entrevoit furtivement l'image d'une étoile de mer agrippée à un rocher, rose et démunie. Il se reprend :

– L'un ou l'une d'entre vous peut-il me raconter la soirée ?

Médéric, barbe naissante et cheveux blonds en pétard, prend la parole. Sa jambe droite s'agite nerveusement.

– Nous avons tous dîné ici, au camping. Vers 21 heures, nous avons décidé d'aller en vélo sur la plage du Petit-Bec pour fêter la fin des vacances. C'est notre plage préférée. En arrivant, il commençait à faire nuit. On s'est baignés, on a fait la fête, j'ai joué de la guitare. On a dû rester jusqu'à...

Jeanne l'interrompt :

– Deux heures et demie. J'en suis sûre parce que j'ai regardé ma montre quand le portable de Laetitia a sonné. Je trouvais ça dingue qu'on l'appelle à cette heure-là. Laetitia s'est levée et est allée discuter un peu plus loin... C'est la dernière fois que je l'ai vue...

Privat marche de long en large, slalomant entre les chaises en plastique.

– Vous êtes rentrés ensemble en la laissant sur la plage ?

Médéric secoue la tête.

– Non, Jeanne, Boris et Lina étaient déjà partis... une heure avant à peu près. Ils étaient fatigués et avaient encore leurs sacs à finir. Lorsque le portable de Laetitia a sonné, on allait partir. Je suis donc allé la voir pour la prévenir qu'on rentrait. Elle a mis sa main sur son portable pour éviter qu'on l'entende, m'a dit qu'elle avait bientôt fini et qu'elle allait nous rejoindre d'ici cinq minutes...

Il s'arrête, secoué. Puis il tente de continuer mais sa voix tremble.

Meyer insiste :

– Est-ce que quelqu'un d'entre vous l'a revue après ce coup de téléphone ?

Plusieurs non s'élèvent.

– Mais un peu plus tard dans la soirée, l'absence de Laetitia ne vous a pas surpris ?

Jeanne fait un effort pour répondre de façon audible.

– Laetitia a 23 ans, elle est adulte et autonome, comme nous tous ici. Il lui arrive de rentrer tard, et personne ne lui demande des comptes. C'est seulement ce matin que nous avons trouvé son absence bizarre...

Le commissaire note le présent utilisé pour parler de Laetitia. L'image du corps flottant entre deux eaux ressurgit. Il revoit ses yeux grands ouverts, la peau rougie, les traces d'étranglement... Il regarde chacun des jeunes et se tait. Il se sent vidé. Son lieutenant prend le relais :

– Comment était-elle habillée ?

Jeanne répond sans hésiter :

– Elle avait une robe d'été à fleurs, un pull bleu à torsades en coton et des sandales en cuir. Je crois qu'elle a pris son sac à main bleu ciel, en bandoulière. Son portable devait être dedans, elle n'a aucune poche dans sa robe.

Lina confirme d'un geste de la tête, teint pâle et yeux fermés. L'étoile de mer se recroqueville, bras entourant ses jambes repliées. Ethan en profite pour se coller un peu plus.

– Et son vélo ? Il était attaché ?

Anne prend la parole pour la première fois, voix aiguë, hésitante.

– Nous avions chacun notre cadenas... Son vélo est noir... Nous les avons tous loués à Saint-Clément... Nous les avons attachés sur le parking de la plage, à l'emplacement prévu...

Le lieutenant Privat se redresse, sort un calepin de sa poche intérieure. Boris, en le voyant, ne peut s'empêcher de penser à l'inspecteur Clouseau – ne manque plus que la moustache et la Panthère rose (un rôle que le commissaire ne pourrait endosser selon Boris, question de couleur et de morphologie).

– Quelqu'un peut-il me décrire la personnalité de Laetitia Giraud ?

Lina se déplie :

– Euh... Elle est du genre à faire dix mille trucs à la fois.

Elle est toujours à fond... toujours entourée de plein de monde : elle déteste être seule...

Un copain en ce moment ?

– Elle a largué son ex en juin, depuis elle a fait des rencontres mais sans plus.

– Son ex, vous le connaissez ?

Lina, une nouvelle fois, se replie derrière ses genoux et refuse de répondre. Meyer se tourne vers les autres :

– Quelqu'un le connait ?

Les jeunes se regardent entre eux mais ne répondent pas. Une piste à creuser. Meyer poursuit :

– On a retrouvé sur son corps, sous ses narines plus exactement, des traces de poudre blanche. Elle consommait de la drogue ?

Silence absolu. Meyer regarde Privat et poursuit :

– Le lieutenant Privat va vous interroger l'un après l'autre en commençant par Médéric. Merci aux autres de sortir et d'attendre devant.

Meyer suit les jeunes et tire un paquet de cigarettes de sa poche. Il en propose à la ronde. Beaucoup acceptent. Les doigts tremblent en les allumant. Personne ne parle. Malgré le hâle du bronzage, les visages sont pâles, défaits. Au bout d'un long moment, Anne demande :

– Il n'y a qu'un détraqué pour faire ça, non ? Vous en voyez beaucoup dans votre métier ?

– Peu, mais c'est déjà trop.

– Il va se passer quoi maintenant ?

– Il va y avoir une autopsie, après quoi elle pourra être inhumée. L'enquête va mobiliser tous les policiers de la région, notre priorité est de retrouver au plus vite celui, celle ou ceux qui ont fait ça.

Le silence s'installe. Meyer ne dit rien, guette les réactions. Médéric sort de la cafétéria et part s'asseoir loin du groupe, près des jeux pour enfants. Lui aussi doit s'y reprendre à trois fois pour allumer sa cigarette. Jeanne se décide à entrer à son tour pour parler au lieutenant Privat. En une heure, tous feront de même, blêmes.

À La Rochelle, le bureau du commissaire Meyer est encore éclairé. Il est 23 heures, Privat a amené deux sandwiches poulet-crudités et des cafés tièdes – le distributeur a le seul mérite d'être à l'intérieur du bâtiment. Les hommes mangent sans un mot leur festin de plastique sous un même rond de lumière blanche. La nourriture molle a un goût de polymère qui anesthésie les papilles du commissaire ; il rêve de baeckeoffe, de schaukele et de sckenkele tièdes et sucrés. Privat, à mille lieux de ce banquet imaginaire, s'évertue à faire le point sur l'enquête :

– On a reçu des nouvelles de l'opérateur téléphonique de Laetitia. Son portable a été éteint à 2h47 du matin. Depuis l'opérateur n'a reçu aucun signal. Le dernier appel a été enregistré à 2h24, émis depuis un portable d'un autre opérateur français. On aura l'identité du correspondant en fin de soirée.

Meyer quitte à regret ses visions gourmandes :

– Ou fin de batterie ? Il faudra interroger les jeunes à ce sujet.

Le lieutenant acquiesce, poursuit :

– D'après les réponses que j'ai pu obtenir, l'ex de la victime, Bastien, a eu quelques démêlés avec la police et Laetitia Giraud l'aurait quitté à cause de ça. D'après ce que j'ai compris, c'est lié à la drogue, mais aucun des jeunes n'a voulu parler. On travaille dessus.

– Est-ce que Giraud consommait de la drogue ?

– Uniquement du cannabis d'après eux.

Meyer se lève, fait quelques pas, se rassoit :

– Il faut absolument vérifier les liens entre le passé judiciaire de l'ex et ses rapports avec Giraud. Pourquoi se sont-ils séparés ? La drogue a-t-elle jouée un rôle dans cette séparation ?

– On en sera plus dès qu'on connaîtra le profil de Bastien.

– Bon, ça c'est pour les lignes blanches sur son visage, mais la pyramide ? Tu comprends ?

– À part un complot maçonnique, non. Tu sais que le triangle est la seule forme qu'on ne trouve pas dans la nature ? Les Égyptiens l'ont choisi pour cette raison et ont construit des pyramides comme preuve de la supériorité de l'esprit humain. *So what ?* Non, je n'y comprends rien.

Privat, qui a passé une année dans la police criminelle de Chicago, parsème ses phrases d'expressions anglaises. Meyer se dit qu'il va devoir réviser ses basiques, la prononciation gutturale de l'Alsacien semble à mille lieux de ces mots avalés. Le lieutenant poursuit à haute voix :

– *Idem*, on en sera plus demain avec les résultats de la scientifique.

– Les jeunes affirment qu'ils étaient seuls au moment de partir, vers 2h30 du matin. Dès demain, il faut retrouver et interroger l'ensemble des personnes présentes sur la plage ce soir-là. Ce sont les mouvements qu'il faut absolument étudier : identité des personnes, heures de départ et d'arrivée. Il s'est sûrement passé quelque chose à la fin de son coup de téléphone, ou bien entre la plage et le parking... Tous les jeunes ont confirmé que le parking était vide : il n'y avait aucune voiture garée ce soir-là.

– J'ai vérifié, sur Google Maps, la distance entre la plage du Petit-Bec et le marais où elle a été retrouvée : il y a exactement 3 200 mètres.

Privat grimace en avalant son café froid. De son séjour aux États-Unis, il ne regrette qu'une seule chose : les grands mugs de café, mousse blanche et pincée de sel, toujours brûlants. Son séjour là-bas, organisé dans le cadre d'un échange de compétences entre polices française et américaine, a duré douze mois. En concurrence avec de nombreux candidats lors de l'examen de sélection, c'est son anglais technique qui avait su faire la différence. Devant le jury, peinant à exposer ses motivations, il avait expliqué avec un esprit de synthèse remarquable les différentes réglementations en matière d'empreintes ADN ou de législations des armes à feu. Cet anglais noir, il l'a appris dans les séries américaines et les polars abandonnés par les vacanciers anglophones sur les plages de l'île. Son prof de lycée a été un des premiers enseignants à se servir des feuilletons américains comme supports de cours. Privat est imbattable sur les répliques de *Starsky et Hutch*, à force d'épisodes visionnés. Meyer avale son dernier bout de plastique, soulagé, et déclare :

– Autre chose : il faut mobiliser des hommes pour une nouvelle fouille en élargissant le périmètre des recherches aux villages les plus proches.

Privat consulte son carnet de notes :

– Jeanne pense qu'elle avait aussi dans son sac un portefeuille en cuir noir, un mascara et un déodorant. Et dans son portefeuille : une pièce d'identité, de l'argent liquide, une carte Pastel pour les transports toulousains, une carte d'étudiante de Toulouse-Jean-Jaurès, le billet de retour en TGV et quelques photos personnelles. J'ai vérifié dans les affaires de Laetitia laissées au camping : cela semble correspondre.

– La consigne est de fouiller chaque poubelle, chaque recoin. Donne aux gendarmes une description précise de ses affaires personnelles et de ses vêtements. Il faut aussi établir le relevé des personnes déjà inculpées pour meurtre ou agression sexuelle présentes sur l'île cette nuit.

Après le départ de Privat, Meyer reste de longues minutes à contempler le tableau de Chu Teh-Chun qu'il a récemment accroché dans son bureau. Il apprécie ses tons bleus apaisants, ses lignes abstraites, qui l'aident à se concentrer, à prendre du recul. La côte de ce peintre a monté en flèche ces dernières années. Si ses collèges venaient à apprendre la valeur exacte de cette toile, ils seraient ahuris. Mais quel meilleur endroit qu'un commissariat pour garder une œuvre en sécurité ?

Il est 2 heures du matin lorsque le portable du commissaire vibre sur sa table de nuit. Meyer se retourne dans son sommeil mais ne se réveille pas. Sur l'écran s'affiche le message suivant : « Le dernier appel reçu par Laetitia Giraud a été donné depuis La Rochelle. Plus exactement du commissariat. Rappelle-moi. Privat. »

10 septembre

Meyer se rase en écoutant France Bleu La Rochelle. Le bulletin météo du jour n'est guère prometteur : « Le ciel sera de plus en plus menaçant. Vent de sud vers 12 heures temporairement sud-sud-ouest vers 15 heures puis sud-sud-est vers 21 heures. Force 5 en milieu de journée mollissant 4 en fin d'après-midi. Rafales atteignant 20 nœuds en soirée. Mer temporairement belle à agitée. » Le bruit de son rasoir électrique l'empêche d'entendre les deux appels de Privat et son portable s'agite en vain sous la lumière de la lampe. Meyer sifflote. Cela ne va pas durer. Au moment de partir, le commissaire glisse les mains dans les poches de sa veste, s'inquiète de l'absence de son portable, le cherche en grommelant, finit par utiliser le téléphone fixe pour faire sonner l'objet. Il découvre la liste des appels et des messages, s'en veut terriblement et met cela sur le compte de son âge et de son manque total d'adaptation aux nouvelles technologies. Il rappelle Privat immédiatement, qui, préférant ne rien dire au téléphone, lui donne rendez-vous au café de la Paix, tout proche du commissariat.

Le lieutenant sursaute lorsque Meyer le salue en laissant tomber bruyamment sur la table la pile des journaux du jour. Les titres sont affligeants : *Meurtre aux Portes-en-Ré, Nuit tragique sur l'île, Ré en deuil...* Le lieutenant les saisit et va directement les jeter dans la poubelle près du comptoir. Meyer l'interroge :

– Tu n'aimes pas la presse ?

– Non, et surtout pas cette surenchère racoleuse au niveau des titres. Le procureur s'en sert toujours pour faire pression. Je refuse que la presse ait une influence sur ma manière de bosser. *That's all.*

Meyer ne répond pas, fait signe au patron du bar qui lui apporte un grand café au lait. Meyer le remercie puis demande à Privat :

– Alors, c'est quoi ce coup de fil donné depuis le commissariat ?

– L'opérateur est catégorique : l'appel a été émis par un membre du commissariat.

– Tu connais l'identité ?

– Arthur Lafarge, adjoint de sécurité, en poste depuis deux ans. Tu vois qui c'est ? En ce moment, il travaille à l'accueil du public.

– Non, malheureusement non. Tu n'as pas une photo ?

Privat secoue la tête.

– J'ai regardé son dossier ce matin, rien à signaler : service sans histoire, bien noté par ses supérieurs, cherche à passer le concours de gardien de la paix.

– Tu lui as parlé ?

– Non, il n'est pas en service aujourd'hui.

– Appelle-le et convoque-le tout de suite : on le reçoit tous les deux dans mon bureau le plus vite possible.

Privat se lève et quelques instants plus tard s'assoit en grommelant :

– Arthur Lafarge arrive, il était très inquiet. Il n'a rien dit mais il se doute forcément de la raison de notre appel : il travaillait hier et connaît parfaitement l'identité de la victime.

– Ce qui est étrange, c'est qu'il n'ait rien dit hier alors qu'il savait parfaitement que l'on retrouverait sa trace. C'est sur ce point précis qu'il faut l'interroger...

Meyer commande un second café. Privat l'informe entre deux gorgées :

– Les six jeunes du camping passent tout à l'heure au commissariat. C'est Yanis Martin qui les recevra, il excelle dans ce genre de boulot.

– Très bien. Des nouvelles du légiste ?

– On attend le rapport d'un moment à l'autre.

– Tu as une équipe qui cherche des faits similaires dans l'île ou la région : même type de victime, même processus, mêmes blessures, etc. ?

– *Yes,* et une autre équipe sur le fichier départemental des inculpés pour meurtre ou abus sexuel.

Le commissaire ajoute :

– Il faut contacter la gendarmerie et les polices municipales de l'île, pour faire le point sur la nuit d'hier. Si ça ne donne rien, étendre à La Rochelle et ses environs.

Dans un même élan, les deux hommes se lèvent et se dirigent vers le commissariat, à deux pas de là.

Arthur Lafarge se présente vingt minutes plus tard, en civil, et demande à être reçu par le commissaire. Meyer fait appeler son lieutenant pour qu'il assiste à l'entretien. Les trois hommes s'installent en salle de réunion. Lafarge, pantalon et chemise noirs, évite de croiser le regard de ses supérieurs. Il s'assoit et baisse les yeux, pendant que ses mains s'agitent nerveusement sous la table. Le commissaire ouvre le banc :

– Vous savez pourquoi on vous a demandé de venir ?

L'homme ne bouge pas, ne répond pas.

– Je vous rappelle que, dans votre situation, vous feriez mieux de coopérer. C'est votre intérêt.

Lafarge regarde le commissaire, murmure :

– Je l'avais rencontrée trois jours avant, à *La Pergola*... On avait convenu de se rappeler... pour se voir... Quand je l'ai appelée à 2 heures du matin, elle m'a dit qu'il était trop tard pour se voir cette nuit-là... Elle devait faire ses bagages, parce qu'elle rentrait à Toulouse le lendemain... Elle m'a dit qu'elle reviendrait aux prochaines vacances...

Lafarge se tait, attend. Meyer se lève, marche de long en large. Lafarge, devant ce silence pesant qui s'éternise, poursuit ses explications.

– Je sais que mon attitude d'hier est complétement stupide, mais j'ai eu tellement peur en apprenant l'identité de la femme. J'ai mis un moment à comprendre et à enregistrer l'info. J'étais paniqué. Ne sachant pas quoi faire, je n'ai rien... fait.

Meyer revient devant lui, tape du poing sur la table, violemment, et hurle :

– Enfin, Lafarge, vous êtes adjoint de sécurité, pas maître-nageur, nom d'un chien !

L'homme se tasse sur sa chaise, tente maladroitement de se défendre :

– Je la connaissais à peine, je ne l'ai vue qu'une fois...

– Rétention d'infos, ça vous parle, non ? Rassurez-moi !

Lafarge se tait, serre les dents. Privat s'approche de lui :

– Vous dites que vous n'avez vu Laetitia Giraud qu'une seule fois ?

– Oui, le 5 septembre, à *La Pergola*, vous savez la discothèque de La Couarde-sur-Mer...

– Et ?

– Et c'est tout. On a bu un verre, on a discuté, on a dansé et on a échangé nos 06. C'est tout.

– Donc, vous la rappelez trois jours plus tard, à 2 heures du matin ?

– Ben oui, pourquoi ? Qu'est-ce qu'il y a de mal ?

Meyer sourit :

– Elle a donné son numéro à toute la boîte ?

Lafarge croise les bras, ne répond pas, évite de regarder le commissaire. Privat s'assoit juste en face d'Arthur.

– Votre conversation a duré un peu plus de six minutes. Vous avez parlé de quoi ?

– Je vous l'ai dit : qu'on ne pouvait pas se voir, qu'elle repartait à Toulouse, qu'on se verrait aux prochaines vacances, c'est tout.

– Ça tient en deux minutes, pas en six.

– Décrivez-nous l'appel, le fond sonore, vos impressions, sa voix…

Lafarge réfléchit un bon moment.

– J'entendais mal, le vent soufflait fort, j'en ai déduit qu'elle était dehors. Mais elle ne criait pas, elle ne semblait pas gênée par le bruit de son côté. Elle s'est interrompue à un moment pour parler à quelqu'un d'autre. Sa voix était normale. En même temps, je la connais à peine…

Lafarge fait une moue dubitative, ne répond rien. Meyer, excédé, se lève :

– Donc, vous étiez la mauvaise personne au mauvais endroit au mauvais moment, c'est bien ça ?

Lafarge se redresse, soulagé :

– C'est exactement ça, commissaire. D'ailleurs, vous pouvez vérifier la liste d'appels de mon portable, c'est la seule fois où je l'ai appelée.

– Et vous préparez le concours de gardien de la paix ?

L'adjoint de sécurité secoue la tête, comme un cheval gêné par sa crinière.

– Rétention d'informations et entrave manifeste au bon déroulement de l'enquête, révisez bien, manifestement il vous reste beaucoup de lacunes.

Arthur Lafarge, épaules basses et front soucieux, sort sans un mot.

Un peu plus tard dans la matinée, Meyer frappe à la porte du lieutenant. Il tient le rapport du médecin légiste dans la main. Il entre, tente de trouver une chaise vide et, dépité, se hisse sur une pile de documents laissés en attente sur une chaise. La pièce entière est encombrée de dossiers : sur les étagères, au pied des étagères, sous les étagères, dans et sous l'armoire, et sur toutes surfaces à peu près planes. Quant au bureau de Privat, il ressemble à un château de sable fatigué. Le lieutenant a horreur du vide et une capacité de lecture et d'analyse impressionnante. Connu pour sa mémoire prodigieuse, il est immanquablement cité en exemple devant les jeunes recrues, toujours plus impressionnées par son année américaine que cette aptitude à la lecture rapide. Le commissaire, haut perché et en équilibre sur la pointe des pieds, commence :

– À 3h12 du matin, voilà l'heure estimée de la mort par le légiste. À la minute près, comme à son habitude. Aucune blessure interne. Pas d'abus ou de violences sexuelles. Elle est bien morte par strangulation : l'existence de pétéchies conjonctivales le prouve. Il n'y a aucune trace de peau ou de cheveux sous ses ongles, aucune trace de coups ou de lésions sur son corps, excepté sur le cou. Ses plantes de pied sont intactes, elle n'a pas marché pieds nus – pas de traces de griffures non plus sur les jambes dues à des herbes hautes. Quant au rapport de la police scientifique, il précise qu'il s'agit de gros sel pour la pyramide, du sel industriel et non un sel produit localement. Les traits présents sous les narines de la victime ont, quant à eux, été tracés avec de la farine de blé industrielle de type 100. Le légiste estime, au vu des abrasions présentes sur la surface de la peau, que le sel est resté au moins six heures sur le corps. La mauvaise nouvelle est confirmée : il n'y a aucune trace d'ADN présente sur le corps. Le légiste suggère que cela est dû à l'immersion prolongée du corps dans l'eau salée...

– Ou bien au fait que le tueur portait des gants et une combinaison.

– C'est ce qu'il écrit aussi.

Meyer se penche, manque de tomber, râle, saisit la pile de dossiers sur laquelle il est assis et se rassoit sur la chaise, les bras encombrés et le menton en appui sur un dossier rouge sang. Il regarde Privat :

– Ce qui m'intrigue, c'est cette histoire des six heures concernant le sel. Si la jeune femme a été retrouvée vers 9 heures, cela veut dire que le sel a été déposé sur sa poitrine vers 3 heures du matin. Elle devait donc être morte et immobile pour que la pyramide reste intacte et parfaitement sculptée. Trois heures du matin, en pleine nuit. C'est une scène plutôt étrange, non ? C'était quoi la météo cette nuit-là ?

Le lieutenant saisit un dossier, l'ouvre.

– Nuit claire, aucun nuage pendant la nuit. Dernier croissant, donc faible éclairage. Douze degrés vers 3 heures du matin.

– Est-ce qu'on peut en déduire que le meurtrier avait prémédité son coup ? D'abord pour avoir la farine et le gros sel avec lui, et puis un instrument pour former la pyramide... Un moule ? Un couteau pour lisser les arêtes ?

Privat sort une dizaine de photos d'un autre dossier. La pyramide apparaît en gros plan sur chacune d'entre elles. Meyer se lève, dépose la pile sur la chaise, se frotte la manche droite pleine de poussière et s'approche de Privat, qui désigne la pyramide :

– Elle est parfaite, parce que le gros sel a été tassé au maximum. Regarde la pointe, les grains sont complétement collés les uns aux autres. Je pencherais pour un moule.

– Quelles sont ses dimensions ?

– Une base de 3 centimètres et 5 centimètres de hauteur.

Privat est sombre :

– Je n'aime pas cette idée de préméditation... Cela donne une autre dimension à ce meurtre, plus inquiétante...Tuer une femme, la déposer entièrement nue dans un marais et une fois immobile faire sur son corps un pâté de sable avec du sel et tracer deux lignes avec de la farine de cuisine...Il faut être complétement barge, non ?

– Rien d'identique répertorié dans la région ou dans le pays ?

– Un équipe travaille dessus en ce moment même, mais les premiers résultats n'indiquent aucun cas similaire.

Meyer s'adosse à l'armoire, priant pour que rien ne s'écroule. Privat reprend :

– Bastien, l'ex de la victime, a été condamné à huit mois ferme pour usage, détention et trafic de stupéfiants. Il est incarcéré depuis juillet à la maison d'arrêt de Seysses, près de Toulouse. Un alibi de première classe. D'après les jeunes, c'est à cause de cette condamnation que Laetitia l'a quitté. Il faudrait interroger les parents de Laetitia, ça nous permettrait de mieux comprendre le contexte.

Meyer se dirige vers la porte, et précise :

– Moi, j'appelle le légiste, il paraît qu'il marche à l'intuition.

– Dis-lui que j'attends toujours la caisse de Billecart-Salmon rosé.

– Je vois que monsieur est amateur... Un pari ?

– Un pari sportif, un peu bête. Comme tous les paris.

Le commissaire sourit :

– J'aurais parié une caisse de Gewurztraminer, du domaine Baumann-Zirgel. Des parents éloignés. Une merveille sur un kougelhof.

La voiture traverse l'île. Beaucoup de maisons ont les volets clos. Les deux ânes en culotte, au pied de la citadelle de Saint-Martin-de-Ré, ont perdu leurs admirateurs. Plus loin, près de La Couarde-sur-Mer, la cour de la colonie de vacances est vide. Meyer ne voit rien, obnubilé par une coïncidence miraculeuse qui, il l'espère, mettra rapidement un terme définitif à cette enquête. La liste des inculpés pour meurtre ou agression sexuelle résidant sur l'île comprend quatre noms : Frédéric Petit, Jacques Carron, Jo Sanchez et Marie Favre. Le 5 septembre à 15h02, soit quatre jours avant sa mort, Laetitia Giraud a appelé Frédéric Petit pendant quatre minutes. Dans la voiture, le lieutenant Privat lit à haute voix la fiche de Petit :

– Condamné à trois mois de prison avec sursis pour agression sexuelle en 2011 sur une victime majeure, à Limoges. L'expertise psychiatrique n'a rien révélé d'anormal dans sa personnalité. Il a par ailleurs fait l'objet de plusieurs autres plaintes, toujours de la part d'adultes majeures, classées sans suite par manque de preuves. Il tient une brocante aux Portes depuis sept ans. Avant, employé dans un magasin d'antiquités à La Roche-sur-Yon, en Vendée. Célibataire, 43 ans. J'ai demandé à ce qu'on m'envoie son expertise psychiatrique de l'époque.

La brocante de Fréderic Petit est située près de La Rivière, un hameau des Portes-en-Ré. Le lieutenant précise :

– Nous sommes à 500 mètres seulement de la plage du Petit-Bec.

Le vent sent la résine de pin chauffée par le soleil. Les grands pins maritimes du Lizay forment un cordon protecteur entre le hameau et la mer, que l'on entend gronder au loin. Le commissaire gare sa Ford Fiesta dans la cour vide réservée au public, égayée de grands lauriers roses. Au-dessus du hangar en bois, un panneau indique sans surprise *Brocante des Portes* et Meyer fulmine contre le manque d'imagination criant des Rétais. Un logement, dont la façade vient d'être repeinte en blanc, est adossé au magasin. Les deux hommes entrent. De hautes bibliothèques en bois clair épousent les murs du hangar. Au centre, c'est un labyrinthe savamment conçu pour que le visiteur passe devant chaque meuble, chaque objet exposé et les deux hommes se plient à contrecœur à ce petit jeu. Visiblement, le propriétaire de la brocante est un collectionneur : les vinyles de Claude Nougaro, les compas de bateaux, les vieux postes de radio, les cartes marines de l'Atlantique, les bijoux anciens, les clefs de toutes tailles et de toutes formes... Chaque objet est rangé, trié et classé avec soin. Certaines pièces attirent l'œil de Meyer, dont une très belle carte marine de 1885. À droite de l'entrée, une pièce vitrée sert d'atelier à un homme qui, debout devant un établi, répare une lampe en verre soufflé. De petite taille, il porte une barbe de quelques jours, poivre et sel, un pantalon en toile kaki et une chemise de lin beige. Il a des yeux très noirs, cachés par des lunettes rondes cerclées d'acier – aussi noirs que ses sourcils, épais et broussailleux. Le commissaire s'approche :

– Commissaire Meyer, lieutenant Privat, nous souhaiterions parler à Frédéric Petit.

L'homme éclate de rire, pose son tournevis d'électricien sur l'établi et sort de son atelier.

– C'est au sujet de la môme qu'on a retrouvée dans les marais, c'est ça ? Vous débarquez chez moi parce qu'un crime a été commis près d'ici et que je suis dans les petits papiers de la police, c'est ça ? Joli sens de l'analyse messieurs ! Mais j'ai un alibi de première classe : mon chien Eagle, ici présent, qui a veillé sur mon sommeil la nuit du meurtre. Oui, j'ai dormi chez moi, c'est-à-dire ici, à côté de la brocante. Et je vis seul.

L'homme siffle entre ses deux doigts et le labrador, visiblement réveillé en pleine sieste, fait quelques pas avant de s'écrouler à nouveau aux pieds de son maître.

– Eagle est narcoleptique. Ne pas confondre avec narcotrafic, hein commissaire ?

Meyer ne bronche pas et enchaîne :

– Le 5 septembre à 15h02, la victime vous a appelé sur votre portable, nous avons la trace de l'appel.

L'homme fait un pas en arrière, fronce les sourcils, s'agenouille pour caresser son chien. « Il gagne du temps, il cherche à gagner du temps », se dit Meyer, et cela l'énerve.

– Vous êtes certain ? Parce que je ne vois pas, je ne vois vraiment pas. Je reçois beaucoup d'appels. Ce portable est à la fois mon téléphone privé et professionnel. Beaucoup de gens appellent pour les horaires d'ouverture, c'est-à-dire le genre de conversations dont je ne garde aucun souvenir...

– Vous pouvez sortir votre portable et vérifiez votre liste d'appel, le 5 vers 15 heures ?

L'homme s'exécute et tend son téléphone à Meyer. Il retire sa main dès que Meyer l'a saisi, fait craquer ses doigts puis glisse ses mains dans les poches de son pantalon. Il continue :

– Vraiment, je ne vois pas. Les heures d'ouverture sûrement. C'est tout ce que vous avez pour venir m'emmerder ?

– Pas d'alibi, un casier judiciaire et un logement situé exactement entre l'endroit où la victime a disparu et celui où elle a été retrouvée. Des broutilles !

L'homme recule d'un pas. Il range le tournevis, place la lampe sur l'armoire derrière lui. Il se retourne et fait un pas vers les deux hommes.

– Je dois vous suivre c'est ça ?

La Rochelle s'endort tranquillement. Les derniers restaurants ouverts rangent les chaises en terrasse, les cafés se vident, les chats envahissent les rues piétonnes et tournent autour des poubelles. Le vieux port est calme, pas de vent ce soir, pas de vagues contre les coques. Passé 11 heures, le commissariat retrouve un certain calme. Les dépôts de plaintes, les mains courantes, les renseignements administratifs, tout cela a été traité en journée. Reste quelques cas d'ébriété agressive, parfois des gardes à vue qui se prolongent dans les cas les plus graves... Ce soir, c'est Fréderic Petit qui est entendu par le lieutenant Privat et Yanis Martin dans le cadre du meurtre de Laetitia Giraud. Martin est crevé : il a commencé très tôt sa journée, a enregistré les plaintes des six jeunes et écoute depuis bientôt trois heures un homme qui, jusque-là, n'a rien dit, ou, du moins, rien d'intéressant. Privat et lui se relayent pour poser les questions, mais Frédéric Petit est un homme patient. Il répète les mêmes faits, donne les mêmes réponses plusieurs fois, sans jamais se lasser. Le commissaire Meyer demande par téléphone à Privat de sortir un instant. Il l'attend derrière la porte, visage lui aussi chiffonné de fatigue et cernes bleues sous les yeux. Il s'impatiente :

– Alors ?

– Alors rien. Rien à exploiter, pas de faits notables, pas d'indices révélateurs. Petit insiste sur le fait que le motif de sa condamnation, agression sexuelle, ne semble pas correspondre à ce meurtre. Il tourne en boucle sur cet argument sans jamais s'énerver, ce qui me tape sur les nerfs.

– Je viens d'appeler le procureur. Il a autorisé une perquisition au domicile de Petit. La gendarmerie interviendra demain matin. Alors maintenant, place Frédéric Petit en cellule pour cette nuit et cours dormir. Comme on dit chez nous : *Uss'm salwe blüescht mach d'imm hünig, un de weschpel gifft*[2].

[2] De la même fleur, l'abeille extrait du miel et la guêpe du poison.

Page 3

Mes boucles noires entre mes cornes trempées de sueur éclairent les ténèbres de mille étoiles. Ton corps nu luit sous la lune cendrée, oh ma bien aimée, offerte et désirable. Sous une pluie de pâquerettes, taches jaunes et blanches sur ton corps désiré, refusé, cabré, cassé, démembré, je te soumets, absurde et blanche, dans cet habit de désirs. Mes sabots te piétinent, tu détournes les yeux et refuse de saluer la bête sacrée que je suis. Mise à mort burlesque, tes seins sont des clochettes qui me persécutent, ta poitrine comme un creux recueille ma bave. Tes membres blancs et ta chair flasque s'agitent, soubresautent. Banderilles de haine fichées dans le cœur, tu luttes à mort pour un filet de vie, mais tu n'es pas au spectacle, tu ne peux plus demander. Tu me désespères. Tu gouttes rouge sur mon pelage noir, tes cils de velours détournent ma haine. Il faut que tes yeux s'éteignent, tu as percé ma force. Pourquoi petit ? Pourquoi ces cris ? Je suis et tu n'es plus, oh ma bien-aimée.

11 septembre

Meyer ouvre les yeux. Il fait nuit noire. Il tend la main droite vers l'autre partie du lit, vide. Chaque réveil est une douleur. Meyer a mal dormi, ou du moins pas assez. Il n'est pas encore habitué à son appartement de fonction, impersonnel et froid. Il vit seul, sa femme est morte d'un cancer il y a trois ans. Elle est enterrée au cimetière d'Ammerschwihr, près de Colmar, où ils ont habité ensemble pendant plus de vingt ans. Meyer se force à se lever, prépare un café noir bien fort. Il le boit debout devant la fenêtre : aucune lumière dans l'immeuble en face, une rue tirée au cordeau, et tous les rideaux des boutiques tirés excepté celui de la boulangerie. Les mouettes sont déjà réveillées et Meyer s'étonne de ne plus être surpris par leurs cris qui étaient, jusqu'à présent, réservés aux vacances. Meyer pense à l'enquête, déjà. Il a du mal à se défaire de l'impression que tout va trop vite : un suspect idéal auditionné le lendemain d'un homicide est souvent mauvais signe. Le commissaire redoute de se retrouver au point mort d'ici quelques jours.

Au commissariat, la plupart des bureaux sont vides. Frédéric Petit, toujours en cellule sous surveillance vidéo, dort recroquevillé sur la paillasse, mains entre les genoux. Il reste encore onze heures jusqu'à la fin de la garde à vue. Sur le bureau de Meyer, un nombre important de dossiers l'attend, des courriers à signer, une sélection de la presse locale : *Sud Ouest, La Charente libre*... Les six dépositions des campeurs toulousains sont sur le haut de la pile. Yanis Martin a souligné les passages importants : « Laetitia aimait les brocantes et les vide-greniers. C'est tout à fait possible qu'elle ait appelé la brocante des Portes-en-Ré pour avoir les horaires. » Martin a rajouté des post-it à l'attention du commissaire :

« Même déposition pour les cinq autres jeunes. » Un peu plus loin : « Personne ne l'a vue recharger son portable, mais elle a pu le faire. » Nouveau soulignement : « Le nom d'Arthur Lafarge ne me dit rien mais Laetitia connaissait un nombre incalculable de gens. » Autre post-it avec smiley triste : « *Idem* pour les cinq autres. » Concernant les relations de Laetitia Giraud, il est précisé qu'elle a quitté Bastien en juin et qu'elle était seule depuis fin août. Meyer se cale dans le fond de son fauteuil et entreprend de s'attaquer à la pile de dossiers.

Le premier dossier qui mobilise le commissaire Meyer est un trafic de pignons de pin sur l'île de Ré. Cela fait plusieurs mois que des inconnus n'hésitent pas à pénétrer dans les propriétés privées et les forêts domaniales, pour voler les pommes de pins, afin de récupérer les pignons, comestibles et très recherchés. Les branches à terre et les pins parasol abîmés sont chaque jour plus nombreux. En 2011, la Chine, jusqu'alors premier producteur mondial de pignons de pin, a stoppé ses exportations en raison de la présence d'une mycotoxine pouvant entraîner une dysgueusie, c'est-à-dire une altération temporaire du goût pour le consommateur. D'après l'association Ré Nature Environnement, qui a porté plainte contre X et qui a été suivie par le conseil général de Charente-Maritime, les pignons seraient envoyés en Espagne pour y être séchés puis revendus aux alentours de 100 euros le kilo. Le commissaire Meyer est inquiet : le phénomène prend chaque mois, chaque année plus d'ampleur. Dernièrement, un propriétaire privé qui tentait de s'interposer a été menacé à l'arme blanche. Meyer a posté des hommes sur certaines parcelles, riches en pins parasol, s'appuyant sur les renseignements fournis par l'association. La filature a débuté la semaine dernière, de façon ciblée, sur la partie orientale de l'île. Meyer attend les résultats avec impatience.

Le major Guyot, qui commande la brigade territoriale autonome de Saint-Martin-de-Ré, appelle le commissaire à l'heure où le héron cendré chasse les crustacés près de la Maison du Fier.

– La perquisition au domicile de Frédéric Petit n'a rien donné : aucune affaire ayant appartenu à la victime, aucun objet suspect, aucune tenue douteuse... Ulysse, de la cynophile, a reniflé un vêtement appartenant à la victime, donné la veille par ses amis mais il n'a rien trouvé dans le périmètre élargi jusqu'à la plage du Petit-Bec.

Meyer raccroche, se masse le front et les tempes. Il se lève, il lui faut de l'air. Dans le couloir, il tombe sur Privat.

– Un café bien noir, un vrai ?

Les deux hommes sortent du commissariat et s'installent à la terrasse du café de la Paix. Le soleil a déjà colonisé la moitié de la place et rampe vers l'ouest. Privat, manches trop courtes et jambes repliées sous la table trop petite, attrape une salière sur la table voisine. Il jette quelques grains dans son café, et réfléchit en remuant sa cuillère.

– J'ai appelé le père de Laetitia Giraud. La conversation a été très compliquée, il est bouleversé. Laetitia est sa fille unique. Avant d'être étudiante, elle vivait chez lui, à L'Isle-Jourdain près de Toulouse. Il est séparé de la mère depuis cinq ans. Il avait vu Bastien plusieurs fois, connaissait sa réputation. Il avait souvent conseillé à Laetitia de le quitter. De toute façon, d'après lui, elle ne semblait pas vraiment attachée. Quant à tenir Bastien pour responsable de l'assassinat de sa fille, il n'y croit pas une seconde : passer par un intermédiaire nécessite une pointure que Bastien n'a pas, et la nature de leur relation ne le laisse pas imaginer. Ils se sont quittés en juin, sans état d'âme, rien à ajouter.

– Il t'a confirmé qu'elle fumait du cannabis ?

– Oui, et seulement cette drogue, il a insisté lourdement

sur ce point. Puis il m'a interrogé sur l'avancée de l'enquête. La fin de la conversation a été très dure.

Privat sale à nouveau son café, pensif. Il continue :

– Dans cette affaire, je tourne en rond, je reviens toujours au même point : la mise en scène. Deux traits sous les narines, une pyramide. Tout cela a été programmé et correspond donc à une logique... Ou bien est-ce que ce serait une fausse piste pour nous éloigner d'une réalité plus terre-à-terre ? Crime sentimental, jalousie, coup de folie d'un malade mental, obsession pour les rousses...

– Impossible de savoir si la victime a été déshabillée avant ou après sa mort. En théorie, la raideur cadavérique touche dans un premier temps la nuque et le visage, et n'intervient qu'au bout de six heures environ. Bouger un corps après ces six heures devient difficile et laisse des traces.

Privat reste silencieux, regarde la lente avancée du soleil. Meyer poursuit :

– Le légiste ne peut donner de réponse sur ce point et s'inquiète de l'absence d'ADN : sans cet élément, l'enquête risque de piétiner.

– Eh bien, quelle confiance ! Tu lui as rappelé ma caisse de champagne, j'espère ?

– Il a ri et a raccroché. Tu as pu lire le rapport de l'expert psychiatre sur Frédéric Petit ?

– Pas encore.

– Petit y est décrit par le psychiatre comme, je cite : « une personnalité névrotique fonctionnant de façon adaptée », communiquant par nécessité mais ne fuyant pas les rapports sociaux. Les examens ne révèlent pas d'obsessions majeures ni de troubles obsessionnels. Aucun antécédent psychiatrique connu dans la famille. La conclusion du rapport est que son geste – l'agression sexuelle – est plutôt dû au contexte qu'à un terrain psychiatrique propice à ce genre de dérive.

– Tu veux prendre le relais et l'interroger ?

– Non, pas dans l'immédiat. Je compte interroger Jo Sanchez, le serveur de Saint-Martin-de-Ré, un des quatre suspects déjà condamnés. En fonction de l'heure, je verrai si j'ai le temps d'interroger Jacques Carron à Ars-en-Ré.

Jeff Delage, un grand brun, musclé et sportif, empoigne une chaise voisine et s'assoit à leur table. Il secoue énergiquement la main de Meyer puis celle, plus molle, de Privat, son supérieur direct.

– Je vous cherchais. On a du nouveau au sujet de la mort de Laetitia Giraud.

Delage est en plein entraînement sportif en vue de la *Maxi-Race*, l'Ultratrail d'Annecy, un des parcours les plus exigeants de la discipline. Vainqueur du trail de la côte sauvage à la Tremblade l'an dernier, c'est un homme tenace, qui ne renonce jamais, une qualité qu'apprécie Privat.

– On a du nouveau concernant les personnes présentes sur la plage ce soir-là. On a identifié un autre groupe d'étudiants, âgés de 18 à 25 ans : cinq filles et trois garçons. Ils étaient loin du groupe de Laetitia Giraud et ne se sont pas parlé. Ces étudiants n'ont rien remarqué de particulier. Ils sont partis vers minuit. Le groupe de Laetitia Giraud était encore au complet.

Jeff poursuit, concentré :

– On a également identifié un couple qui venait de se rencontrer au bar d'un camping. Ces deux personnes sont arrivées vers 2 heures du matin et ont enjambé les barrières de protection de la dune pour trouver un coin tranquille. Le groupe de Laetitia Giraud, qu'ils ont clairement identifié grâce à la guitare de Médéric, était juste devant eux. Ils ont vu trois jeunes partir en direction du parking, mais ils n'ont pas su me dire à quelle heure. Ensuite ils disent « avoir été occupés » un moment, dix minutes selon la fille, vingt minutes selon le garçon. Quand le couple a regardé à nouveau la plage, il ne restait qu'une seule personne, manifestement en train de téléphoner. Quelqu'un s'est approché d'elle mais, en raison de l'obscurité, impossible de dire s'il s'agissait d'un homme ou d'une femme. Ces deux personnes ont parlé quelques minutes puis ont regagné ensemble le parking. Après, plus rien. Le couple n'a rien entendu de spécial ensuite – ni cri ni bruit de moteur... Il est resté encore un moment puis est reparti vers 3 heures environ.

– Est-ce qu'on entendrait un bruit de moteur, comme une voiture démarrant sur le parking, depuis les dunes ?

– Je n'ai pas vérifié mais j'en doute. La mer est forte à cet endroit-là, les vagues imposantes – D'où les écoles de surf. Entendre un moteur face à la mer avec la dune dans le dos me semble impossible.

– Tu as les coordonnées du couple ? Ils habitent l'île ?

– Lui habite Nantes, chauffeur de poids lourds. Elle est employée à l'année au supermarché des Portes-en-Ré et habite près de la plage de la Loge.

Privat déplie ses jambes, manque de renverser la table. Il regarde Jeff :

– Il n'y avait personne d'autre sur la plage, sûr et certain ?

– Toutes les recherches semblent le confirmer.

– Le couple a t'il décrit les deux personnes sur la plage : vêtements, gestes, attitudes, paroles ?

– L'obscurité et le vent l'a empêché de voir ou d'entendre. Il a seulement aperçu deux personnes qui semblaient se parler, l'une en face de l'autre ou l'une à côté de l'autre. Impossible de dire s'il s'agissait d'hommes ou de femmes. Il a bien précisé que ce n'était pas sa préoccupation du moment ; il a jeté un coup d'œil, sans plus.

Meyer réfléchit à la principale information : quelqu'un a abordé Laetitia – ou bien Laetitia a vu et a appelé quelqu'un juste avant sa mort. Meyer demande :

– Comment est reparti le couple bécoteur ?

Privat se demande si le terme vient de l'alsacien ou de l'âge avancé du commissaire et opte sans hésiter pour la seconde option.

– En voiture. Elle a déposé l'homme au camping *La Providence*, rue de Trousse-Chemise, puis elle a continué jusque chez elle. Ils n'ont croisé personne : piéton, cycliste, voiture... Personne.

– Sur le parking de la plage, y avait-il d'autres véhicules ?

– Pas de voiture, ils en sont certains. Pour les vélos, ils n'ont pas regardé, ils ne savent pas.

Le lieutenant regarde sa montre et se lève. Il regarde Delage :

– Bon boulot. On a une réunion dans cinq minutes, on y va ?

Meyer, seul devant son café, tente de joindre sa fille. Cela fait une semaine qu'elle ne l'a pas appelé et il commence à s'inquiéter. Il tombe sur son répondeur, laisse un message faussement désinvolte. Liesel, architecte, travaille en ce moment sur un projet de lotissement écologique en complète autonomie énergétique. C'est une passionnée. Écologiste dans l'âme, elle est certaine que l'avenir du bâtiment passera par cette révolution verte. Son cabinet est très demandé, et des architectes du monde entier se pressent pour venir y travailler. C'est le troisième message que Meyer laisse sur son répondeur cette semaine, et cela commence gentiment à l'énerver.

Le commissaire prend la direction de Saint-Martin-de-Ré. Jo Sanchez, de son vrai nom Joseph Sanchez, est serveur au café du Port depuis huit mois. En 2014, il a été condamné pour agression sexuelle à dix mois de prison avec sursis, à un suivi socio-judiciaire avec obligation de soins et au versement de 3 000 euros de dommages et intérêts à la victime, une jeune femme de 21 ans. L'assistante sociale lui a trouvé ce poste de serveur à Saint-Martin-de-Ré, avec l'accord du patron de l'établissement. Ce dernier accueille Meyer en lui proposant un café. Meyer décline, demande plutôt un jus d'orange frais. Le patron le regarde avec un air bizarre et lui sert un sirop de menthe. Il lui décrit Sanchez comme un homme muet, transparent :

– Jo Sanchez est un mec curieux. J'ai essayé plusieurs fois de parler avec lui, mais il ne répond jamais. Comme il est toujours à l'heure et qu'il sert les clients pas trop mal, je le garde.

– Ses horaires de travail ?

– Service du matin, de 7 à 10 heures et service du soir de 20 heures jusqu'à 1h30 du matin à peu près, ça dépend du monde.

– Il loge où ?

– Pas très loin d'ici, dans un studio, rue du Quatrième Zouave.

– Il travaillait le soir du 8 septembre ?

Le patron s'éloigne du bar et consulte un registre.

– Oui, il était de service, il a fini à 1h30 ce soir-là.

– Pas de remarques sur son attitude, pas d'incident particulier ce jour-là ?

L'homme réfléchit et, les mains en porte-voix, hurle :

– Laura, tu peux venir deux minutes ?

Une femme blonde, grande et mince, d'une vingtaine d'années, s'approche.

– Le 8 septembre, tu étais de service avec Jo, hein ?

La fille confirme d'un signe de tête.

– Tu as remarqué un truc particulier ce soir-là ?

La fille fait la moue. Il reprend :

– Ou un problème avec un client ?

– Non, rien de spécial. Il y avait une famille bruyante, un des enfants criait et cela dérangeait les autres clients.

Jo lui a donné un set de table en papier et un crayon, et l'enfant s'est calmé. C'est à peu près tout, routine habituelle. Je suis partie après lui, j'avais commencé mon service à 21 heures.

Le commissaire la remercie et note son identité. Puis il se tourne vers le patron qui range la vaisselle derrière le bar.

– Je souhaiterais interroger Sanchez à son arrivée pendant quelques minutes, ça vous pose un problème ?

– Non, il ne devrait pas tarder.

Effectivement, cinq minutes plus tard, à 6h55, Jo Sanchez arrive. Il est d'une maigreur qui effraie Meyer et sa veste trop large n'arrange rien. Sans un mot, Sanchez part dans les vestiaires se changer. Il revient et c'est bien pire, les liens de son tablier noir sont noués trois fois autour de sa taille. L'homme, toujours silencieux, commence à dresser les tables. Son patron l'interpelle :

– Le commissaire Meyer voudrait te parler. Je te laisse cinq minutes. Si des clients arrivent, tu t'en occupes.

Sanchez arrête son travail et ne bouge plus, verres entre les mains. Meyer s'avance vers lui :

– Commissaire Meyer. J'enquête sur le meurtre qui a eu lieu aux Portes-en-Ré, vous avez dû en entendre parler ?

Aucune réponse, aucun mouvement, aucune réaction. Meyer continue :

– Nous savons que vous avez travaillé ce soir-là jusqu'à 1h30. Vous avez fait quoi ensuite ?

La voix de l'homme, très grave, est agressive :

– Je suis rentré, c'est tout.

– Quelqu'un peut confirmer ?

– Je vis seul.

– Vous n'avez rencontré personne ?

– Ma voisine de palier. Elle est serveuse aussi.

– Vous avez son nom ?

– Kristal. Porte 5.

– Vous lui avez parlé ?
– Non.
– Mais elle vous a vu ?
– Oui.
– Vous êtes ressorti après ?
– Non.
– Personne ne peut confirmer que vous êtes resté chez vous cette nuit-là ?
– Kristal. Si je sors, elle l'entend. Tout craque, l'immeuble est vieux. Elle n'arrête pas de s'en plaindre.
– Vous avez travaillé le lendemain ?
– Oui.
Meyer propose à l'homme de s'asseoir. La partie s'annonce difficile. Rien de pire que les muets. Sanchez refuse, accroché à ses verres.
– Je connais votre passé judiciaire, votre suivi et obligation de soins. Quelque chose à ajouter ?
Sanchez secoue la tête. Meyer attend.
– Vous comprenez que vous avez intérêt à coopérer ?
Sanchez pose les verres sur la table, tourne le dos à Meyer et dresse la table suivante :
– Rien à dire.

Meyer sort du café. Dehors, les mouettes profitent de fortes rafales pour se dégourdir les ailes. Le ciel est voilé et le vent accentue la sensation de fraîcheur. Meyer, regardant le port, se sent Alsacien, a l'impression d'être en terre inconnue et, en même temps, en terre incroyablement familière. Cela le chiffonne d'être entre-deux. Il met cela sur le compte du sirop de menthe. Il faut toujours trouver un coupable – c'est son boulot après tout.
Il appelle le lieutenant Privat, lui fait un bref compte rendu de sa visite.
– Et toi, tu en es où avec Petit ?

– Nouvelle séance et toujours rien. Il répète toujours les mêmes phrases. J'ai arrêté, cela ne sert à rien.

– Je rentre, j'interrogerai Jacques Carron demain.

Sur le trajet du retour, le commissaire réfléchit à l'interrogatoire. Lorsqu'il a pris ses fonctions au commissariat de La Rochelle, il a fait modifier les techniques de garde à vue. Maintenant, tous les interrogatoires sont filmés. Quant aux méthodes jusqu'ici utilisées : exagérer les présomptions de culpabilité, feindre un certain respect du suspect, lui fournir une échappatoire psychologique, jouer au bon et au mauvais flic, affirmer que l'on sait déjà tout, Meyer les trouve périmées. Il préfère s'inspirer d'une méthode canadienne, plus efficace, qui consiste à laisser parler la personne auditionnée, en suivant trois étapes bien distinctes. La première consiste à discuter avec elle de sujets sans rapport ou éloignés des faits, afin de découvrir les traits de sa personnalité. Ensuite la personne raconte sa version des faits. Pour finir, l'enquêteur la place petit à petit devant ses invraisemblances et ses contradictions – c'est en général à ce moment-là que la personne passe aux aveux. Au Canada, grâce à cette méthode, le taux d'aveux est passé de 50 à 80 %, assorti d'une diminution de la durée de garde à vue. Meyer va maintenant l'appliquer avec Frédéric Petit.

En fin d'après-midi, le commissaire, ordinateur portable à la main, entre dans le bureau de Privat. Le château de sable a repris une allure guerrière, et un dossier rouge, en équilibre sur la plus haute tour, ressemble à un fier étendard. Privat, le seigneur du château, a ôté son heaume :

– Je lisais le rapport de l'association Ré Nature. Ils ont pas mal débroussaillé le terrain...

– C'est Rémi Besson, le nouveau lieutenant, qui supervise la filature. Comme il faut démanteler la filière, ça va prendre du temps, plusieurs mois j'imagine. On a déjà pas mal d'infos sur leur mode opératoire et leurs lieux de prédilection. La police espagnole, plus exactement catalane, travaille avec nous, elle remonte la filière qui concerne la préparation des pignons et leur vente sur les marchés locaux. *Idem* pour la police portugaise. De toute façon, on fera régulièrement des points sur l'avancée de l'enquête. La période de récolte commence à peine...

Privat recule sa chaise, invite Meyer à s'asseoir, et le questionne :

– Petit est parti ? Il t'a parlé ?

– Première phase : multiplier les sujets de discussion. Ici : l'état du marché de l'art, l'approvisionnement de la brocante, la psychologie des collectionneurs, etc. Regarde, voilà la vidéo.

Meyer a entrouvert son ordinateur portable et y introduit sa main droite comme dans la gueule d'un crocodile, avec appréhension. Après plusieurs tentatives, il met en marche la vidéo. On y voit Petit assis, très droit, face à une table vide. Meyer est debout, marche dans la pièce, bouge, gesticule et ne laisse jamais un blanc s'intercaler dans la conversation :

– Je voudrais vous poser une question au sujet de votre collection de cartes marines. J'en ai vu une datant de 1885, d'autres du XVIIe, ce qui est assez rare. Vous avez des fournisseurs privés ?

Petit regarde Meyer, se tait un long moment avant de parler.

– Un réseau de particuliers qui vendent et achètent de façon régulière, pour leur plaisir ou l'envie de spéculer...

– Une carte de cette époque est assez rare, non ?

– J'ai acheté celle de 1885 auprès d'un spécialiste des premières cartes bathymétriques. J'en achète aussi sur Internet. On en trouve en cherchant bien.

– Vous avez beaucoup de demandes ?

– Accrocher une carte marine ancienne dans son salon est de bon ton. La demande est très forte. Je travaille avec un encadreur de Saint-Martin-de-Ré.

– J'imagine que ça vous rapporte pas mal ?

– Pas plus que les autres collections. Certaines cartes ne valent rien.

– J'ai vu que vous vendiez des vieux postes de radio, des postes à galène... Il y a de la demande sur l'île ?

– Quelques clients, mais c'est plus par goût personnel. Les compas de bateaux marchent très bien : peu de pièces anciennes. Les prix grimpent vite.

– Et Nougaro, les vinyles de Nougaro, c'est par choix ou pour le business ?

– Les deux. J'ai été sosie de Nougaro à une époque, je chantais dans les bars et les fêtes privées pour arrondir les fins de mois. Ça marchait plutôt bien. Les vinyles, surtout les 33 tours, se vendent très bien.

– Et pour l'approvisionnement ?

– Idem, j'achète auprès de particuliers, sur les vide-greniers et les brocantes. Mais on en trouve de moins en moins...

– Avant votre brocante aux Portes, vous travailliez dans un magasin d'antiquités ?

– Oui, à la Roche-sur-Yon, pendant quelques années. Un magasin qui vivotait... Le patron passait plus de temps à séduire les femmes de son carnet d'adresses qu'à agrandir ses collections. Je suis parti quelques mois avant la fermeture définitive. J'ai loué ce local aux Portes-en-Ré. J'avais déjà quelques pièces accumulées au fil des années, par goût personnel.

– Et vous êtes satisfait de votre brocante aux Portes ?

Petit hésite. Il se redresse.

– Peut-on se satisfaire du provisoire ? Rien n'est jamais acquis, les années passent et ne se ressemblent pas. Les affaires marchent bien, puis s'arrêtent du jour au lendemain.

Vous êtes blanc, le lendemain, noir, comme un mouton. On vous regarde de travers, on vous envie, on vous admire, on vous hait.

– Vous dites ça en parlant de votre inculpation ?

Sur la vidéo, on voit Petit croiser les bras et baisser la tête. Le commissaire va attaquer la deuxième phase de la garde à vue.

Debout devant le commissariat, Meyer respire profondément. L'air sent le sel et le bitume chauffé. Il fait encore chaud sur la place de Verdun. Le manège aux chevaux de bois tourne malgré l'heure tardive et les parents agitent la main à l'intention de leur progéniture. Meyer n'a aucune envie de se retrouver seul chez lui, dans son appartement vide. Il se dirige vers sa voiture, se met au volant et prend la direction du pont de Ré sans trop réfléchir. Il a envie de voir la mer. Meyer n'aime pas se baigner, ou plutôt il déteste se mettre en maillot devant les autres. Son corps blanc, son ventre d'amateur de bière lui font honte. Le péage du pont passé, il ouvre toutes les fenêtres de sa Ford Fiesta. Le vent s'engouffre dans l'habitacle et Meyer respire l'air du large. Il aime la courbe du pont, posé entre deux terres comme une parenthèse. Sur Ré, il roule quelques centaines de mètres et se gare sur la droite. La plage de Rivedoux est là, devant lui. Meyer descend sur le sable, enlève ses chaussures, marche vers la mer. L'écume lui lèche les pieds. La garde à vue n'a rien donné, Frédéric Petit se retranchant derrière l'absence de preuves de la police. L'eau est bleue au large, presque verte au bord. Meyer aime cette mer vivante, agitée, changeante, soupe au lait. Il marche le long de la plage, note mentalement qu'il doit acheter un calendrier des marées, se renseigner sur les cours de voile pour adultes et rappeler sa fille qui n'a toujours pas donné signe de vie. Sur un panneau d'affichage, la météo marine du lendemain indique :

« Le grand ciel bleu ne résistera pas. Vent de nord-est vers 9 heures tournant ouest-nord-ouest vers 15 heures puis nord-ouest vers 21 heures. Force 2 mollissant 1 en milieu de journée puis forcissant 3 en fin d'après-midi. Mer belle. »

12 septembre

Le lendemain, Meyer retrouve Privat au café de la Paix, attablé devant un café noir salé et une assiette d'œufs au bacon - une autre habitude qu'il a conservée depuis Chicago. Meyer demande un croissant en plus de son habituel café au lait. Il a bien dormi, il met cela sur le compte de l'air marin et de ses nouveaux projets. Même s'il ne prendra sans doute jamais de cours de voile, la simple idée d'y avoir pensé est un signe qu'il juge encourageant. Après la mort de sa femme, ces trois dernières années ont été difficiles. Il lui a fallu réapprendre à vivre seul en se sentant coupable d'être en vie. La solitude lui pèse. Il est seul pour manger, seul pour dormir, seul pour s'inquiéter au sujet de leur fille, seul pour vieillir. Sa demande de mutation a été mûrement réfléchie : sortir de sa zone de confort n'est jamais évident. Le lieutenant Privat le salue :

– Tu as bonne mine.

– Je commence à apprécier le fait d'habiter en bord de mer. J'ai été sur l'île hier soir, j'ai eu l'impression de partir au bout du monde, loin, très loin de moi-même. Cela ne m'était pas arrivé depuis bien longtemps.

– Tu as de la chance, on y retourne aujourd'hui même. On a rendez-vous ce soir avec Delage et Besson. Tu connais Saint-Martin-de-Ré ?

Meyer secoue la tête.

– Alors, tu devras déguster la fameuse glace à la pomme de terre de *La Martinière*, le célèbre glacier de l'île. Bizarrement, son nom est celui d'un navire-prison qui transportait les bagnards entre Saint-Martin-De-Ré et la Guyane. Tu sais que le bagne, situé dans la citadelle, a fermé en 1938 ? Personnellement j'ai du mal à réaliser, cela ne me semble pas si vieux... Le centre pénitentiaire l'a remplacé, c'est maintenant une centrale de cinq cents places. Tu as dû entendre parler des évasions : certaines obligent à boucler l'île et fermer le pont à la circulation, comme en juin 2013. Le dispositif mis en place pour rattraper le détenu était impressionnant : gendarmerie, polices municipales et police nationale, policiers de la BAC, équipe cynophile, brigade nautique et hélicoptère.

– Espérons qu'on n'en arrive pas là !

– Résultat : une heure et demie d'évasion. Un seul homme a réussi à s'évader de la prison, en 1967 : il s'est glissé dans la malle d'un prisonnier qui allait être libéré, et comme son absence n'a été découverte que le lendemain, il a eu le temps de fuir très loin et n'a jamais été repris...

En début d'après-midi, les prévisions météo de France Bleue La Rochelle se vérifient et le grand ciel ne résiste pas à l'assaut d'une dépression venant de l'ouest. Les nuages s'accumulent à l'horizon et le pare-brise se constelle de gouttes de pluie. Meyer met en route les essuies glaces. Privat passe la manche de son pull trop court sur la vitre pour enlever la buée puis entreprend de lire la fiche de Jacques Carron :

– Retraité de 67 ans, installé sur l'île depuis cinq ans. Inculpé pour agression sexuelle en 1995. En 2012, une femme de 38 ans dépose une plainte contre lui pour « insultes, harcèlement et exhibition sexuelle » qui est classée sans suite par manque de preuves. Il y a quatre mois, une nouvelle plainte pour « exhibition sexuelle » a été déposée par une femme de 23 ans. L'affaire est en attente de jugement.

– Chaud bouillant...

Le pavillon de Carron est situé à l'écart d'Ars-en-Ré, sur la côte sud-ouest, au milieu des champs et des nouvelles résidences. Entouré de haies épaisses, parsemé de panneaux *Attention chien méchant*, il ressemble à une forteresse. Privat sonne. Un homme en short beige, le torse nu et couvert de poils blancs, une barbe de trois jours, ouvre le portail d'un air peu aimable. Il porte des lunettes de soleil teintées qui empêche de voir son regard.

– Bonjour. Commissaire Meyer, lieutenant Privat. Jacques Carron ?

L'homme confirme.

– Nous avons quelques questions à vous poser. On peut entrer ?

– Je peux pas refuser, si ?

Il laisse les deux hommes pénétrer sur la terrasse, puis referme le portail. Il reste là, immobile, à les regarder. Meyer commence :

– Que faisiez-vous il y a trois jours, la soirée du 8 septembre ?

– C'est au sujet de la plainte, c'est ça ? J'ai un avocat, contactez-le. Je ne vous dirai rien.

– Non, cela n'a rien à voir. On vérifie les emplois du temps.

– Alors c'est pour le meurtre de l'autre jour, celle qui a été retrouvée à poil, étranglée ?

Privat fait un signe de tête. Carron ne dit rien et enlève ses lunettes. Il a l'œil droit gonflé et peut à peine l'ouvrir. L'hématome a viré au noir. Il prend conscience des regards posés sur son œil.

– Oh ça, c'est juste un accident idiot : je suis tombé en redescendant d'une échelle. Je voulais enlever les aiguilles de pin qui bouchaient la gouttière du toit.

Privat reprend :

– Alors, vous étiez où le 8 au soir ?

– Le 8 ? Je suis parti le 7 au matin chez mon frère. Il vit à Marennes, en face de l'île d'Oléron. Je suis revenu hier soir. Vous voulez son numéro ?

– Oui, s'il vous plaît.

– Non, ça me plaît pas mais je vais vous le donner quand même. Attendez-moi là, je reviens.

L'homme entre dans son pavillon et Meyer en profite pour faire le tour, ne peut s'empêcher d'admirer le potager, bien entretenu. Plusieurs pins dominent la maison. Meyer revient sur la terrasse devant la maison. Jacques Carron lui tend un post-il jaune où il a griffonné un numéro. Meyer le lit à haute voix. L'homme acquiesce et ouvre le portail sans un mot. Meyer demande :

– Quelqu'un d'autre peut témoigner de votre présence à Marennes ?

– Ma belle-sœur, son voisin, son fils, le boulanger, le patron du café au coin de la rue, le maître-nageur de la piscine municipale de Marennes, le videur d'*El Diablo* à Rochefort... Ça ira ?

– Tâchez de soigner votre œil, ça risquerait de s'infecter. Au revoir.

Jacques Carron claque le portail derrière les deux hommes.

Privat s'adresse à Meyer :

– Tu as vu un chien, toi ?

Meyer sourit.

– Non, mais des pins dépassent effectivement le toit du pavillon. Tu feras vérifier son alibi.

– *Of course*. Par contre, je me demande si...

La sonnerie du téléphone l'interrompt. Meyer décroche, hoche plusieurs fois la tête, raccroche et se tourne vers Privat qui se dégourdit les jambes en enchaînant les flexions.

– Le banc du Bûcheron, à côté de la plage de Trousse-Chemise, aux Portes : on vient de découvrir les habits de Laetitia Giraud.

Meyer se gare sur le parking de Trousse-Chemise, ensablé et entouré de pins, à côté d'une fourgonnette de la gendarmerie. Un gendarme interdit l'accès aux touristes et aux baigneurs. Meyer et Privat empruntent le chemin qui mène au banc du Bûcheron et traversent la forêt de Trousse-Chemise. La mer scintille à travers les troncs rouges et les aiguilles de pin dégagent une forte odeur qui, mêlée à l'air marin, enchante Meyer. Arrivé sur la plage, le commissaire découvre avec stupéfaction un paysage digne des plus belles mers du Sud. Une langue de sable blanc s'étire en une longue pointe dans la mer, et l'eau tout autour a des reflets vert émeraude. Meyer se promet de revenir ici plus longuement, dans des conditions différentes.

Au loin, sur le banc de sable, un gendarme leur fait signe. Les deux hommes enlèvent leurs chaussures et s'approchent. Le gendarme leur montre des vêtements mouillés, emballés dans des sacs transparents, scellés et étiquetés.

– On a retrouvé une robe à fleurs taille S, un pull bleu en coton et une paire de sandales en cuir taille 38. La robe et le pull étaient sur la plage, trempés. Les sandales ont été découvertes dans un sac en plastique uni, identique à ceux qu'on utilise sur les marchés. Tous les trois ont été trouvés au même endroit.

Le gendarme désigne la partie de la plage recouverte par les marées, dont le sable est toujours humide et propice à la pêche aux coques et aux couteaux.

– C'est une mère de famille qui les a vus vers 15 heures. Elle avait entendu l'avis de recherche lancé par la gendarmerie. Elle dit n'avoir touché ni aux vêtements ni au sac en plastique. La marée était haute en début d'après-midi, à 13h37 exactement, avec un coefficient 86, soit une hauteur de marée moyenne.

Meyer soulève le sac transparent contenant la robe. Avec le poids de l'eau, celle-ci pèse lourd. Il le tend à Privat :

– En aucun cas, la robe ne peut flotter longtemps, *idem* pour le pull en coton épais. Ce qui veut dire qu'ils ont été déposés ce matin sur la plage, qu'ils n'ont pas flotté avant de s'échouer sur la plage... Je me trompe ?

– Ou alors ils ont été balancés d'un bateau à marée haute près de la plage. Le sac en plastique, fermé et plein d'air, a peut-être compensé le poids des sandales pendant un certain temps... Ceci dit, même à marée haute, seul un bateau à faible tirant d'eau peut passer sur le banc du Bûcheron...

Le gendarme reprend la parole :

– Un policier de la scientifique a pris des clichés des vêtements et du sac, il a relevé leurs positions exactes sur la plage, mais je doute qu'on trouve quoi que ce soit.

Meyer réalise que, pour la seconde fois, la mer se met en travers de l'enquête : elle a effacé les traces sur le corps de la victime, maintenant sur ses affaires... Il se rend compte qu'il n'avait jamais soupçonné un tel pouvoir, une telle capacité. Meyer se sent un peu idiot, ses racines alsaciennes lui pèsent. Privat continue :

– Pas de trace de son sac à main, de son portable ou de son portefeuille ?

– Rien pour l'instant. Trois gendarmes fouillent la plage et le banc du Bûcheron, ils profitent de la marée descendante.

Meyer marche le long de la plage et s'interroge : pourquoi se débarrasser des vêtements quatre jours après la mort ? L'eau de mer peut-elle vraiment enlever une odeur corporelle sur un vêtement ? A-t-on jeté les vêtements à la mer dans ce but ? Pourquoi ces quatre jours ? Il envisage alors un autre scénario : et si les vêtements avaient coulé, jetés à la mer la nuit du meurtre, et s'ils avaient été emportés par la mer puis roulés par les vagues jusqu'au banc ce matin... Mais pourquoi n'y a-t-il aucune trace du sac, du portable ou du portefeuille ? Plus légers, plus petits, ils auraient été emportés au large ?

Meyer s'assoit dans le sable. En réfléchissant, il joue machinalement avec des pommes de pin. Privat s'agenouille à ses côtés et commence à empiler tout ce qui se trouve à portée de main : un coquillage, un bois flotté, des aiguilles de pins séchées, un galet... Il s'énerve :

– On tourne en rond. Depuis le début. À cause du corps. Nu avec des signes tracés dessus. C'est finalement la seule piste à creuser. C'est là-dessus qu'il faut bosser.

– Aucun historique. Sacha Garnier a fait des recherches qui n'ont rien donné, ni sur l'île ni en France. Aucun cadavre avec une telle mise en scène, aucune ne s'en approchant. La pyramide pose problème : elle ne relie à rien de concret. Pourquoi une pyramide ? Pourquoi un gros sel industriel alors qu'on en produit localement ? Une vengeance des sauniers locaux pour revendiquer leur production ? Mais quel lien avec la victime, étudiante en édition ? Un livre en préparation ? Est-ce que quelqu'un a bossé sur ses études, ses stages en cours, ses recherches, son sujet de mémoire ?

– Je vais appeler Garnier. Tu te souviens de cette histoire au Québec, en 2013 ? Un trafic de « sels de bains », une drogue de synthèse très puissante : le réseau avait été démantelé, le chimiste mis en taule...

– Vous avez eu des victimes liées à la consommation de drogue ces derniers mois ?

– Aucune, la dernière mort par overdose remonte à 2014 : un jeune homme dans une *rave party*, du côté de Royan. Un cas lié à une consommation excessive – d'héroïne si mes souvenirs sont bons.

Le commissaire se lève, se frotte les plantes des pieds pour enlever le sable mouillé.

– Il faut contacter l'Office central pour la répression du trafic illicite de stupéfiants, l'OCRTIS. Ils ont une antenne à Bordeaux, appelle-les.

Meyer regarde la mer qui se retire lentement. Le sable blanc, le bleu lagon de la mer : l'île devient tropicale et la carte postale est inattendue. Meyer sourit. Il faudra que j'emmène Liesel ici, l'endroit devrait lui plaire. Meyer regarde son téléphone, aucun message de sa fille.

Le gendarme avait raison : à cause de l'eau salée, Ulysse, le chien de la cynophile, n'a rien trouvé. Meyer donne l'ordre de rouvrir la plage au public et regarde une dernière fois la lumière qui plonge dans la mer transparente et s'enfonce dans le sable, clouant l'eau comme pour la retenir, immense voile bleu gonflée par le vent. Privat lui touche l'épaule :

– On y va ?

– Cela faisait bien longtemps que je n'avais pas vu quelque chose d'aussi beau... Excepté certaines toiles achetées récemment. Peu de paysages dégagent une telle harmonie de tons et de lumières...

– Tu peins ?

– Enfant, mon père m'emmenait avec lui dans tous les musées et m'expliquait pendant des heures les intentions du peintre, les couches maigres, les jeux de perspective et de clair-obscur... Mon père aurait aimé posséder quelques œuvres, mais ses revenus ne lui permettaient pas d'acheter un original. J'ai donc vécu au milieu de reproductions de mauvaise qualité et j'ai développé un rejet viscéral de ces copies affadies, déformées, déséquilibrées, vides de sens et d'intention. Un rejet qui me coûte cher aujourd'hui !

– Je n'y connais rien. Le tableau que tu gardes dans ton bureau, c'est un original ?

Meyer remet ses chaussures, une main appuyée contre le tronc gorgé de résine. L'odeur lui rappelle les Vosges.... Toujours ce fameux entre-deux.

– Oui, d'un peintre d'origine chinoise, Chu Teh-Chun, qui a vécu la seconde partie de sa vie en France, membre de l'Académie française des Beaux-Arts, considéré par beaucoup comme le maître de l'abstraction lyrique.

– Je dois t'avouer que je ne comprends rien à ces courants... Je reste perplexe devant les toiles abstraites ; je ne ressens rien, absolument rien. J'ai du mal à comprendre ce qu'on peut voir derrière ces taches et ces traits de couleur. Il faudra que tu m'expliques un jour, devant la toile de ce peintre chinois !

Meyer sourit, frotte la résine sur la paume de sa main.

– J'essaierai.

Besson revient de la forêt domaniale d'Ars-en-Ré, saccagée par les trafiquants. Il a laissé ses hommes en filature, espère des résultats rapides – rien de pire qu'une équipe qui poireaute et qui s'impatiente. Le gardien du phare des Baleines a exceptionnellement autorisé Jeff Delage à s'entraîner dans l'escalier hélicoïdal de 257 marches, un excellent cardio-training à neuf mois de la compétition savoyarde. Meyer et Privat, avant de retrouver leurs collègues, ont pris le temps de parcourir les rues de Saint-Martin. Ils sont montés sur le clocher observatoire de l'église, avec une vue imprenable sur les remparts et la côte vendéenne. Meyer, surpris par la dimension verticale et historique de la ville, observe : les remparts hauts de 9 mètres, les riches maisons d'anciens armateurs, les ruelles pavées aux noms gravés dans la pierre, les venelles envahies de roses trémières.

Les quatre hommes se retrouvent à la terrasse d'un restaurant, sur l'îlot du port. Sur le quai opposé, le flot continu des touristes, dont beaucoup se pressent chez le fameux glacier, ne s'arrête quasiment jamais. Saint-Martin est la capitale de l'île. Les jours de pluie, il faut parfois une heure pour parcourir les 14 kilomètres séparant Ars-en-Ré de Saint-Martin-de-Ré, tous les touristes voulant profiter des charmes de la ville à défaut de plage.

Meyer, manches retroussées, déguste une bière blanche et interroge Jeff, qui carbure au jus de goyave et bâton de céleri :

– Tu as retrouvé la personne aperçue par le couple sur la plage le soir du meurtre ? Celle qui a parlé en dernier à Laetitia Giraud ?

– Rien, aucun indice. Aucune caméra de surveillance sur le parking. De toute façon, il faisait nuit et le parking n'est pas éclairé. J'ai rappelé la femme du couple. Elle m'a dit que, plus elle y réfléchissait, plus elle doutait de la réalité de la chose. Quant à l'homme, le Nantais, il a bien précisé qu'ils étaient occupés à autre chose et que le reste leur était complétement égal sur le moment. J'ai aussi interrogé les habitants des maisons les plus proches mais cela n'a rien donné : la plage est vraiment isolée.

– Il y a des caméras à l'entrée du village ? Ou sur la départementale ?

– Aucune. Le maire n'a pas jugé utile d'investir dans un système de surveillance aussi coûteux. Les Portes est un village plutôt calme, même l'été.

Nouvelle gorgée de bière et autres plaisirs minuscules pour Meyer : picorer une crevette grise, respirer l'air marin, voir un chien lécher la glace d'un enfant en poussette, écouter ses voisins de table rire... Privat continue les questions :

– Tu as interrogé les premières personnes arrivées sur la plage le lendemain matin ?

– Un jogger, qui s'entraîne chaque matin à 6 heures avant de partir travailler à La Rochelle. Il a couru en bord de mer, là où le sable est mouillé. Il n'a rien vu de particulier, pas de trace de vêtement ou d'objet.

Meyer se concentre :

– Le parking a été passé au peigne fin ?

– Oui, sans résultat. On recherche également les personnes qui se sont rendues dans la réserve naturelle le 9 au matin, avant le couple d'Anglais qui a découvert le corps.

Les ombres s'allongent et le ciel prend des teintes orangées. Ils ont tous commandé une éclade de moules aux aiguilles de pin, une spécialité locale, accompagnée d'un vin blanc des Charentes. Meyer se régale. Il se sent bien, et cela l'inquiète presque. Privat partage les souvenirs de son voyage aux États-Unis : les litres de soda ingurgités, les méthodes étonnantes des profileurs traités comme de véritables stars, les sirènes de police à toute heure du jour et de la nuit, le système judiciaire et son plaidé coupable... Jeff fait rire tout le monde en racontant ses déconvenues sportives avec un sens de l'autodérision que le commissaire envie. Mais un coup de fil de la gendarmerie vient interrompre ce joyeux dîner : une mauvaise nouvelle attend les quatre hommes.

Lorsque Rémi Besson décroche, il est plus de 23 heures et Félix Garcia, un des hommes en filature dans la forêt d'Ars-en-Ré, est sur la table d'opération du service de chirurgie vasculaire et thoracique de l'hôpital Saint-Louis à La Rochelle, victime d'un hémothorax dû à une plaie par balle dans le poumon gauche. Son pronostic vital est engagé. Le gendarme explique au téléphone :

– À 21h56, on a reçu un appel téléphonique d'un particulier qui signalait la présence dans son jardin de deux malfaiteurs en train de saccager ses pins. On lui a conseillé de rester caché. On a envoyé une patrouille sur place et prévenu vos hommes : nous savions que vous étiez en filature juste à côté. Ce sont eux qui sont intervenus les premiers. Ils ont menacé les deux malfaiteurs, toujours en haut d'un pin. L'un des hommes a sorti un pistolet, a braqué sa lampe torche sur vos hommes et a tiré. Félix est tombé. Le second policier, Niels Lavain, qui bossait avec lui, a riposté sans succès. Les hommes ont sauté à terre et se sont enfuis en direction du bois. Lavain a tiré une seconde fois avant que la nuit ne les couvre. Il a entendu un bruit de moteur, qui laisse penser qu'un véhicule les attendait. Il a immédiatement appelé le

SAMU. Le médecin a demandé un hélicoptère pour transférer Félix au centre hospitalier de La Rochelle et on attend maintenant des nouvelles de son opération. La patrouille arrivée sur place a retrouvé une camionnette blanche appartenant aux malfaiteurs – probablement celle avec laquelle ils sont arrivés. On peut donc en déduire qu'ils étaient plusieurs équipes à opérer. Ordre a été donné de vérifier toutes les entrées et sorties des véhicules sur l'île : toutes les plaques sont analysées. Nous avons appelé en renfort les gendarmeries voisines pour multiplier les contrôles d'identité.

Page 13

Tu m'as menti, humilié. Tu t'es servi de moi, sans autorisation. Tu m'as creusé de l'intérieur, à coups de griffes et de paroles séductrices. Vidé de ma substance, tu m'as grimé de lèvres couleur sang, de bleus et d'un trou à la tempe droite. Je suis ton pantin. Ta voix a tout envahi. Je ne veux pas plier. Tes paroles sont de belles aguicheuses, poitrines séduisantes et creux des reins courbés humides désirables. La cire bouche mes oreilles, je refuse. Tu ne viendras pas. Je me répète, les yeux fermés : tu n'es pas. Les abeilles se lassent, bourdonnent autour de ma nuque, tu les séduis, les attires à toi. Tes mots, un à un, me pénètrent, je hurle pour les rayer l'un après l'autre, cri après cri. Mots durs, acérés, coupants, tu me couds de l'intérieur, tu me piques, point endroit point envers. Je suis épinglé à tes quatre volontés sur une croix de souffrance. La surdité est une délivrance, je me troue les tympans, tu me l'as assez reproché. C'était hier et la punition fut terrible, j'en porte encore les stigmates. Pardonne-moi. Je ferai des efforts.

13 septembre

À 6 heures, le téléphone sonne plusieurs fois avant que Meyer n'émerge de son sommeil. Il se lève brusquement mais, comme tout se met à tourner autour de lui, il est obligé de se rassoir quelques instants. C'est le lieutenant Privat, voix guillerette malgré l'heure matinale :

– Félix Garcia est sorti du bloc, il est en réanimation. L'opération a stoppé l'épanchement de sang. Son état est stable et les médecins se disent plutôt optimistes.

Meyer pousse un soupir de soulagement. Privat enchaîne :

– Les patrouilles n'ont rien donné depuis hier soir : aucune trace des deux malfaiteurs, aucun passage suspect au pont. Les recherches continuent.

– Et toi, tu ne dors jamais ?

– Le dimanche.

Meyer s'engage dans les ruelles étroites de Saint-Clément-des-Baleines, après une matinée au commissariat entre dossiers, urgences administratives et réunions à rallonge. Les maisons, blanches aux volets verts, sont fermées pour la plupart. Il fait frais, presque froid à l'ombre. Le village baigne dans l'odeur salée des embruns. Meyer commence à entrevoir l'île sous d'autres climats, plus rudes et plus austères. Il s'arrête devant une petite maison, en mauvais état. La peinture des murs extérieurs pèle par endroit, les volets sont cassés ou absents, et la vitre de la porte d'entrée a été réparée avec du scotch de déménageur sur lequel sont collés des cadavres de mouches. Il récite la fiche de Marie Fabre : « 58 ans, condamnée pour violences conjugales, conduite en état d'ébriété et troubles de voisinage à trois reprises. Inculpée du meurtre de son ancien compagnon en 2002, acquittée par manque de preuves après deux mois d'audience.

Dernière condamnation pour troubles de voisinage : avril 2014. Vit à Saint-Clément-des-Baleines depuis cinq ans, originaire de Poitiers. Sa maison est à 300 mètres du camping où résidait Laetitia Giraud. »

Il cherche la sonnette, en vain, frappe plusieurs fois. La porte s'entrouvre et une femme détaille le commissaire des pieds à la tête sans dire un mot. Meyer n'aperçoit que son nez acéré et ses cheveux qui pendent, gris et mal peignés.

– Commissaire Meyer. Je recherche Marie Fabre. C'est vous ?

La femme ne bouge pas, referme très lentement la porte. Meyer bloque la porte avec son pied et lui explique :

– Je veux juste savoir ce que vous faisiez la nuit du 8 au 9 septembre. C'est tout. Vous me répondez et je pars. Rien d'autre. Vous faisiez quoi le soir du 8 septembre, il y a quatre jours ?

La femme se tait. Meyer patiente. Derrière lui, une voix retentit :

– Vous lui voulez quoi ?

Un vieil homme courbé, visage ridé, s'avance avec difficulté vers la maison.

– Commissaire Meyer. Vous êtes ?

– Un ami de ...

Son menton désigne la femme derrière la porte. Il ne finit pas sa phrase. C'est la femme qui prend la parole. Sa voix est grave, éraillée, comme si elle avait fumé des milliers de cigarettes.

– Je suis Marie Fabre, fous lui la paix !

Elle sort son bras et fait signe méchamment au vieux de partir. Il s'éloigne à petits pas dans la rue. Elle se recule et tente à nouveau de refermer la porte. Le pied de Meyer est toujours là.

– Vous faisiez quoi le 8 au soir ?

– J'sais pas.

– Vous sortez quelquefois le soir ?

– Nan.

– Vous vivez seule ?

– C'est toi la police, nan ?

– Je veux juste savoir ce que vous faisiez cette nuit-là.

Meyer la voit hésiter, il attend.

– J'étais au café. *Au phare*. J'ai bu un blanc et je me suis rentrée.

– Vous étiez en voiture ?

– Tu crois vraiment que j'ai les moyens de me payer une caisse ?

– Vous connaissez quelqu'un là-bas ?

La femme hésite quelques secondes avant de répondre :

– Jacques, le patron.

– Il était là ce soir-là ?

– Ouais.

– Et ensuite, vous êtes rentrée ici directement ?

– À ton avis ?

– Vous vivez seule ?

– Avec l'autre taré là.

Elle désigne le vieux, dos courbé, qui vient de tourner au coin de la rue.

– Et le lendemain matin, le 9, vous avez fait quoi ?

La femme hurle, s'énerve contre la porte qu'elle n'arrive pas à fermer.

– Tire-toi ! j'ai rien fait. Fous le camp !

Meyer répète calmement.

– Vous avez fait quoi le 9 au matin en vous réveillant ?

Elle comprend enfin qu'elle doit répondre pour fermer la porte. Elle met quelques secondes avant de parler.

– Rien, j'ai rien fait. Je suis restée chez moi à attendre l'autre taré de facteur.

– Et il est passé vers quelle heure ?

– J'en sais rien, tire-toi maintenant ! j'ai tout dit. Tire-toi !

La voix de la femme monte dans les aigus. Meyer retire son pied de la porte. La femme claque la porte en hurlant des insultes. Le commissaire fait demi-tour. Quelques mètres plus loin, dans la rue voisine, le vieil homme l'attend, appuyé contre un mur. Meyer s'approche. L'autre le menace avec sa canne.

– Elle a rien fait cette fois. Laissez-la. Elle était avec moi. Elle dort en haut, dans la chambre, moi en bas. Y'a un canapé. Comme ça, elle peut pas sortir sinon je la vois. C'est vrai, elle boit. Elle va au café, elle boit et elle rentre. Tous les soirs, c'est ça. Je dois l'aider à monter, et j'arrive même pas à marcher. Un jour elle arrivera plus à monter, c'est sûr. Mais là je l'ai poussée à coups de canne et elle est montée.

– Il était quelle heure ?

– J'sais pas. Une heure, 2 heures... Ça dépend des soirs.

– Votre nom s'il vous plait ?

– Raymond Cailleau.

– Vous vivez avec elle depuis longtemps ?

Le vieux s'appuie sur sa canne et se remet en route. Meyer le laisse partir.

– Au revoir, monsieur.

Meyer se gare près du phare des Baleines. Dans l'allée des boutiques souvenirs, aussi moches qu'ailleurs, Meyer s'arrête un instant pour choisir une carte postale pour sa fille. Il hésite entre une vue aérienne de l'île et une photo du phare prise depuis le large, se décide finalement pour un plan de l'île avec quelques photos en médaillon : le port de Saint-Martin, le phare des Baleines, l'abbaye des Châteliers, la plage de la Conche, les marais salants. Puis il entre dans le café du Phare, en ressort cinq minutes plus tard, en pleine conversation téléphonique :

– J'ai vu Jacques, le patron de ce café-restaurant. Il confirme que Marie Fabre était là dans la soirée du 8 septembre, comme tous les soirs. Elle est restée au bar jusqu'à la fermeture du restaurant, vers 2 heures du matin. Il m'a dit qu'elle avait beaucoup bu. Il ne s'est pas inquiété de son état, c'est chaque soir la même chose. Il l'a vue partir le long du chemin, ne marchant pas vraiment droit mais avançant régulièrement. En revanche, il confirme qu'elle n'était sûrement pas en état de conduire ni de faire autre chose. « Elle n'était bonne qu'à roupiller et à cuver son blanc », selon lui.

Privat soupire à l'autre bout de la ligne :

– Ça paraît donc peu probable qu'elle soit allée, après le café, aux Portes pour tuer Laetitia Giraud, avec toute la mise en scène que l'on connaît...

– Effectivement, ça ne colle ni avec son emploi du temps ni avec son état... Je ferai vérifier par un policier si des voisins l'ont vue rentrer ce soir-là, histoire de boucler l'affaire.

Lorsque Meyer arrive place de Verdun, au commissariat de La Rochelle, c'est l'effervescence. La blessure par balle de Félix Garcia fait la une de tous les médias. Les journalistes, devant l'entrée principale de l'hôtel de police, interpellent chaque policier qui entre ou qui sort pour tenter d'obtenir des informations. Meyer n'échappe pas à la règle et se retrouve très vite entouré d'une nuée de micros, le genre d'exercice qu'il exècre. Il déclare donc... ne rien avoir à déclarer. Les journalistes sont furieux. Meyer leur annonce un communiqué officiel du procureur dans les prochaines heures et profite d'une faille entre un cameraman et une journaliste pour s'engouffrer à l'intérieur du bâtiment. Il monte directement voir Rémi Besson dans son bureau. Il entre et approche une chaise du bureau.

– Salut Rémi, ça va ?

– Depuis que Félix est sorti du bloc, ça va mieux, beaucoup mieux.

– Des nouvelles récentes ?

– Il est toujours endormi, il devrait se réveiller dans les prochaines heures. Les médecins sont confiants. C'est un robuste.

– Comment va Niels ?

– Un peu sonné. Il est resté à Ars-en-Ré une bonne partie de la nuit avec les gendarmes pour effectuer des relevés et des prélèvements. Tu aurais vu son soulagement quand il a appris que Félix était tiré d'affaire… Cela fait plus de six ans qu'ils bossent ensemble.

Meyer se cale au fond de sa chaise.

– Il y a une quinzaine d'années, j'ai perdu un collègue. Un cambriolage qui a mal tourné. La pire chose de toute ma carrière… On se connaissait depuis tout petits, on avait fait équipe pendant plusieurs années. Ça fait mélo de dire que je le connaissais comme un frère, mais c'est la vérité. J'y pense tout le temps, encore maintenant. Celui qui lui a tiré dessus a purgé une peine de prison, trop courte à mon goût, et s'est retrouvé très vite en liberté. Mon collègue avait une femme et deux gosses. J'ai failli tout arrêter à cette époque.

– Et qu'est-ce qui t'a poussé à continuer ?

– Ça va te paraître bizarre mais c'est la vieille dame, celle qui avait été cambriolée… Le lendemain, elle est venue au poste. Elle s'est mise à pleurer. Elle venait d'apprendre que mon collègue était mort et qu'il avait une famille. Elle m'a dit qu'elle regrettait d'avoir appelé la police, qu'elle aurait dû être tuée à sa place. À 80 ans, elle n'avait plus de famille à charge et, selon elle, plus grand-chose à attendre de la vie. J'ai dû la réconforter tant bien que mal, partagé entre la douleur et la nécessité de défendre notre métier. Elle est repartie, courbée, voûtée, et je suis reparti travailler, courbé, voûté, mais il faut reconnaître qu'un poids avait disparu de mes épaules…

Jeff et Meyer s'approchent d'une grande carte Michelin de l'île de Ré accrochée au mur, juste derrière le bureau de Delage. Le commissaire bute sur une paire d'haltères rouge posée au sol et jure. Delage s'excuse et les pousse du pied sous le bureau. Il se tourne vers la carte et explique au commissaire :

– Voilà les principaux acteurs, représentés par ces épingles de couleur. J'ai dessiné leurs trajets, avec les horaires précis. Les problèmes majeurs sont le manque de témoins, l'heure tardive de la scène, l'absence de caméras de surveillance et l'isolement des lieux. On a interrogé tous les habitants autour, mais sans résultat. Pas de traces au sol des allers et retours de la victime et du groupe, le vent et la marée ont tout balayé dans les heures qui ont suivi le meurtre.

– Donc rien à attendre de ce côté-là ?

Jeff pose son doigt sur la croix rouge représentant le lieu où a été découvert le corps de Laetitia Giraud et montre l'étendue qui l'entoure.

– On cherche du côté de la réserve naturelle et des sauniers qui travaillent dans les marais à proximité. On est en septembre, c'est la récolte de la fleur de sel. Malheureusement elle s'effectue en fin de journée car, d'après ce qu'ils m'ont expliqué, la cristallisation s'effectue avec la chaleur du soleil. Le premier saunier, qui avait travaillé tard la veille, est arrivé vers 9 heures, pratiquement au même moment que le couple d'Anglais qui a découvert le corps. Il n'a rien entendu ni remarqué quoi que ce soit.

– Celui ou celle qui a tué Laetitia Giraud, et qui a planifié son crime, a probablement choisi ces deux endroits pour cela : des lieux isolés.

Meyer réfléchit.

– Il faut se mettre à la place du tueur et établir la liste précise des conditions du crime : un endroit éloigné des habitations, une cachette pour les effets personnels, un moyen d'enlever toute odeur pour éviter que le chien policier remonte la trace, un instrument pour former la pyramide de sel, une provision de sel industriel et de farine de blé, une combinaison pour empêcher de laisser des empreintes ou des fragments de peau... Il faut continuer la liste, essayer d'en tirer des conclusions et imaginer tous les mobiles possibles, même les plus fous, les plus absurdes. Tu peux t'en charger ? Je voudrais planifier une réunion demain matin, avec tour de table et « brainstorming » selon l'expression de Privat. Il faudrait envoyer ces listes par mail avant ce soir, qu'on ait tous le temps de s'en imprégner d'ici demain matin.

– OK. J'ai eu un des responsables de l'Office central pour la répression du trafic illicite de stupéfiants. Il a confirmé qu'il y avait bien eu un trafic de sels de bains au Canada, mais rien de tel sur le département ou en France. Il confirme aussi qu'il ne voit aucune similitude avec d'autres décès récents concernant la mise en scène du corps, ni avec la strangulation. Il vérifie par prudence ses bases de données et me rappelle tout à l'heure. En résumé, il ne voit pas de lien entre la mort de Laetitia Giraud et l'actualité du trafic de stupéfiants sur la région...

Meyer s'adosse au mur :

– Ce qui m'intrigue, me hante, c'est la couleur de ses cheveux... En fait, je revois sans arrêt sa chevelure mouillée sur ses épaules nues, c'était... horrible et magnifique à la fois, c'était esthétiquement bouleversant et humainement inacceptable... Pour tout te dire, j'en rêve toutes les nuits, c'est une image qui me revient sans cesse. Je me demande si mon inconscient ne me suggère pas quelque chose d'important, et je suis incapable de dire quoi. C'est leur couleur que je vois en premier. Ensuite, c'est le grain de sa peau sur son cou et ses épaules, ses taches de rousseur et puis ses mèches rousses. Certaines avaient séchées et bouclaient légèrement, emmêlées par le vent... Je n'ai pu m'empêcher de la comparer à Vénus sortant des eaux, la Vénus de Botticelli, avec ses immenses cheveux roux... Tu confirmes qu'il n'y a pas eu d'autres meurtres de rousses ces dernières années ?

– Aucun, Paul a vérifié. Rien de ce côté-là.

– Sans doute une fixation personnelle...

Un policier frappe, ouvre la porte et les interrompt :

– Commissaire, le major Guyot, qui commande la brigade de Saint-Martin-de-Ré, cherche à vous joindre. Jo Sanchez s'est suicidé.

Sanchez a utilisé le système de fixation de la suspension centrale pour y arrimer son engin de mort, une corde synthétique bleue récupérée sur un bateau ou sur un port, de ces cordes à tout faire qui servent à remonter un casier de pêcheur, à réparer une drisse défectueuse ou consolider un amarrage douteux. Tous les symptômes de la pendaison sont visibles : visage convulsé et bleu, hémorragie du conduit auditif, fracture de l'hyoïde, congestion cérébrale... Jo Sanchez n'a pas failli, ni douté en mettant son plan à exécution, avec une lenteur méticuleuse, un détachement inhabituel, comme poussé par la promesse d'un avenir meilleur. Ses dernières images conscientes ont été celles d'un chien écrasé sur le bord d'une route départementale, les tripes offertes aux corbeaux.

Au téléphone, le major Guyot est catégorique :

– Il n'y a aucun doute sur la cause de sa mort : il s'agit bien d'un suicide. Sanchez a été retrouvé pendu dans sa cuisine. C'est sa voisine, une certaine Krystal, qui l'a découvert. Elle avait un double de ses clefs. Ne le voyant pas partir au travail, elle s'est inquiétée. Une enquête sur les circonstances du décès a été ouverte. Le corps de Sanchez va être transféré à l'institut médico-légal pour confirmer la cause du décès, ce qui ne devrait pas poser de problème.

– Et sa voisine, que dit-elle ?

– Elle est évidemment en état de choc, mais a répété plusieurs fois que Sanchez était dépressif. Ses démêlés avec la justice le minaient et il était couvert de dettes.

– Aucun mot retrouvé sur place pour expliquer son geste ?

– Rien. On a retrouvé dans la salle de bains deux boîtes d'antidépresseurs avec l'ordonnance du médecin, c'est tout. Docteur Ernest, psychiatre, rue Paul-Émile Victor à La Rochelle. L'ordonnance date du 23 août.

Meyer poursuit :

– Je l'ai interrogé il y a deux jours sur le meurtre de Laetitia Giraud et...

– Je sais, Krystal me l'a dit.

Meyer, impassible, continue :

– Et les autres habitants de l'immeuble ?

– Ils connaissaient peu ou pas Jo Sanchez. Commissaire, je vous laisse, j'ai un autre appel, rappelez-moi si nécessaire.

Meyer se masse le crâne, signe de grande contrariété chez lui. Et si la mort de Jo Sanchez était liée à celle de Laetitia Giraud ? L'alibi de Sanchez reposait sur Krystal, et c'est elle qui découvre le corps... Quel lien entre Sanchez et Giraud, autre qu'un mauvais tour du hasard ? Quelles ombres terrifient Sanchez au point de lui faire préférer une corde synthétique, dont l'analyse révélera une forte teneur en graisse animale et en huile de vidange ? Meyer a-t-il prononcé une formule qui, semblable aux phrases-clefs des hypnotiseurs, a enclenché une série de réactions, la dernière étant ce balancement macabre au-dessus du lino à damier noir et blanc ?

Meyer se lève, ouvre grand la fenêtre de son bureau, inspire longuement. Imaginer Sanchez au bout d'une corde, langue bleue et pantalon taché, déclenche chez lui un spasme douloureux au creux de l'estomac. Difficile d'envisager une nuit sereine après tout ça.

Saison, automne

Manon Pajot marche d'un bon pas en protégeant ses mains gelées dans les manches de son pull. Un vent frais de nord-est souffle sur l'île ce matin, un vent humide qui souffle l'idée de l'hiver et des premières gelées. L'automne sur Ré n'est pas spectaculaire, excepté la douceur de la lumière. Voilà bientôt deux mois que Manon travaille à La Couarde, dans la boulangerie du village. Son premier bulletin de salaire lui a procuré un peu de réconfort. Elle a accepté cet emploi par nécessité, n'ayant plus les moyens de rester en banlieue parisienne pour terminer ses études d'infirmière et pour d'autres raisons, qui l'obsèdent et la terrorisent. Elle a bien rempli une demande de bourse en bonne et due forme, mais celle-ci a été rejetée, tout comme ses demandes de mutation en province. Elle a donc accepté ce contrat à durée indéterminé sur Ré, ne connaissant pas l'île, y voyant un bon moyen de prendre de la distance avec le continent et ses ennuis. Elle se répète que la situation est provisoire, se félicite, vu la conjoncture d'avoir trouvé un CDI rapidement, pas trop mal payé, loin de Paris. Son studio, proche de la boulangerie, ne lui coûte pas grand-chose. L'achat d'une voiture est sur la liste de ses projets. Elle dépense peu de toute façon, et cherche à trouver un bout de terrain contre services pour cultiver quelques légumes dès le printemps prochain. Pendant ses journées de repos, elle profite des plages de l'île. Elle a trouvé un vieux vélo d'occasion qui, avec de nouveaux freins et une chaîne graissée régulièrement, marche plutôt bien. Autre changement, et non des moindres, elle a fait couper ses longs cheveux qui faisaient sa fierté depuis son enfance : trop longs, trop encombrants, trop présents. Sa coupe garçonne lui plaît et cette nouvelle tête vient à point couronner son changement de vie. Comme elle est bavarde et plutôt souriante, elle s'est déjà liée avec pas mal de monde à La Couarde-sur-Mer et dans les environs. Elle retrouve quelques connaissances dans les cafés, à *La Pergola* ou *La Maline* – « le » cinéma de l'île. Pourtant, fin septembre, beaucoup de saisonniers ont déserté l'île, et elle a dû s'adapter à ce nouveau visage de l'île, plus austère, plus intime.

Manon se frotte les mains pour les réchauffer, passe devant l'église en courant et se dépêche de rentrer dans la boutique, où l'attendent Jean-Marc et Cathy, le couple propriétaire de la boulangerie. Ce soir, Patrick Trenet, un employé du magasin de cycles d'Ars-en-Ré, l'emmène au cinéma – elle a déjà oublié le nom du film. Patrick lui avait réparé son vieux vélo et avait collé un autocollant sur le cadre avec son numéro de portable, « en cas de problème ma petite dame, vous comprenez ? ». Ils avaient bêtement rigolé tous les deux. Depuis, ils se sont revus régulièrement. Manon salue Cathy, qui range les baguettes et les pains encore chauds. Manon passe son tablier et l'aide à finir. Cathy, une femme petite et vive, lui donne un coup de coude :

– Tu as vu les titres des journaux : ils ont retrouvé l'homme qui avait tiré sur le policier de La Rochelle en septembre ! C'est la police espagnole qui l'a arrêté hier soir à son domicile. Ils l'ont repéré grâce à du sang retrouvé sur place, il avait été blessé lui aussi. C'est bien, non ?

Manon Pajot hoche la tête mais cela lui est complétement égal. Elle n'a pas suivi l'affaire, ni celle du meurtre de la jeune femme aux Portes-en-Ré. Ce sont ses parents qui, à l'époque, l'ont harcelée de recommandations, si fréquentes qu'elle a cessé de répondre à leurs appels téléphoniques.

– Le journaliste précise que cela n'a aucun rapport avec le meurtre de Laetitia. Tu sais, Laetitia ?

Manon invoque les viennoiseries à ranger pour éviter la suite de la conversation. Cathy ressasse ce meurtre avec une délectation malsaine qui insupporte Manon. Heureusement un client interrompt ce monologue. Manon lui sourit :

– Bonjour monsieur Jacques, comment allez vous ce matin, par ce temps frisquet ?

Elle lui tend une baguette tradition. Vivement ce soir !

En novembre, l'île a des allures de grand navire traversant les embruns et le froid. Meyer découvre une palette insoupçonnée de gris, en constant changement de teintes : ciel, mer, galets, mouettes, herbes des marais, murs de pierres... Les nuances se succèdent et se répondent, s'harmonisent selon la lumière ou la luminosité. Il lui semble qu'ailleurs, sur le continent, le gris est uniforme, compacte, massif. Ici, l'eau noie la couleur, la dilue, la coordonne, l'ajuste, comme une peinture à ciel ouvert. Mais Meyer n'avait pas prévu que ce climat humide de bord de mer réveillerait ses rhumatismes. En début de mois, il a attrapé un rhume, qui s'éternise. Ses soirées se résument à un grog alcoolisé devant un film, qui ne tarde pas à l'assoupir. Il se réveille alors, fiévreux et courbaturé, quelques heures plus tard, se traîne jusqu'à son lit où il regarde pendant des heures le plafond. Il ne peut s'empêcher de penser au boulot.

Dans les mois qui ont suivi la mort de Sanchez, son geste a donné lieu à de multiples interprétations, à diverses rumeurs, farfelues pour la plupart, de la part de ses voisins et collègues de travail. La presse locale a publié un avis de décès sans donner plus de précisions. La perquisition minutieuse de son domicile n'a pas offert de preuve matérielle quant à sa culpabilité ni d'indices pour faire avancer ou relancer l'affaire. Chaque jour, chaque semaine, chaque mois, le commissaire Meyer bute devant le cadavre de Jo Sanchez et ce nom à consonance sud-américaine lui impose des images clichées dont il a honte, des bouts de films en noir et blanc de gauchos à lasso, bottes en lézard, pistolet à la hanche et torse tatoué de cicatrices. Le commissaire cherche les liens possibles entre Sanchez et Giraud, fouille leur passé, n'en trouve pas, fait du surplace et ressasse un désagréable sentiment de culpabilité.

Le commissaire et le lieutenant ont multiplié les réunions et les brainstormings, sans succès. Une reconstitution de nuit a été organisée avec le couple et trois jeunes du groupe de Laetitia, Boris, Jeanne et Médéric. Quatre policiers ont joué les autres étudiants retenus par des partiels ou des obligations professionnelles. La reconstitution, réalisée dans les mêmes conditions de luminosité, a permis de valider les déclarations du couple. À cette distance, il est effectivement possible de voir et compter des silhouettes sans erreur possible. Il y avait donc bien une personne avec Laetitia Giraud ce soir-là et son identité est une pièce indispensable dans cette affaire. Le sac à main et le portable de Laetitia Giraud, contrairement à ses vêtements, n'ont jamais été retrouvés. Sa ligne téléphonique a totalement cessé de fonctionner le 9 septembre à 2h47. La victime travaillait sur une étude du marché concernant la vente de biens culturels en grande surface, un sujet bien loin de la production de sel industriel et de la concurrence des salins du Midi. L'Office central pour la répression du trafic illicite de stupéfiants leur a confirmé l'absence de points communs avec toute affaire en cours. Les sauniers de l'île ont expliqué qu'ils récoltaient le sel sous forme de tas, mais que ceux-ci n'avaient rien à voir avec la forme pyramidale, parfaitement modelée, retrouvée sur le corps de la victime. Bastien a été entendu. Les policiers ont confirmé le point de vue du père de Laetitia Giraud : il n'a ni la carrure ni aucune raison d'en vouloir à celle-ci au point de la tuer. Quant à la silhouette sur la plage, elle reste en effet l'énigme centrale de ce gigantesque puzzle. Ce puzzle, Meyer passe des heures à essayer de l'assembler. Il devient au fil des jours une obsession.

Quant à Privat, il a transformé son bureau, déjà bondé, en un gigantesque dossier à ciel ouvert : fiches d'identité, photos de la victime, retranscriptions de garde à vue, cartes des lieux et des événements, rapports du légiste, enquêtes sur les proches, rapports de gendarmerie... Les deux hommes examinent tous les angles de vue pour aborder l'affaire. La résolution d'une enquête se résume souvent à cela : trouver le bon angle – celui du tueur. Mais à l'heure actuelle, le mobile reste toujours un mystère.

Il existe à ce jour 1 382 cas de meurtres non élucidés en France. Meyer refuse de rentrer dans ces horribles statistiques. Il s'y est personnellement engagé auprès des parents de la victime, qui l'appellent toutes les deux semaines. La veille d'un de ces appels supposés, Meyer ne dort pas. Il se demande ce qu'il va pouvoir dire à ce père. Par respect, il se refuse à invoquer le secret professionnel pour pallier à l'absence de résultat. La photo de Laetitia Giraud rappelle l'urgence de la situation, elle renvoie chaque jour les hommes à leur propre incapacité. Heureusement Besson, de son côté, a apporté plusieurs bonnes nouvelles : Félix Garcia a repris son poste plus rapidement que prévu. Le réseau auquel son agresseur appartenait est en passe d'être démantelé grâce à plusieurs interpellations, en Charentes et en Catalogne. La saison de la récolte s'étend de septembre à avril et les filatures continuent, riches en informations. Il n'empêche : lorsque Meyer entend la voix du père de la victime au téléphone, son sang se fige.

Parfois, à l'heure du déjeuner, Meyer prend sa voiture et roule vers l'île de Ré, pour tenter de décompresser. L'autre jour, épuisé par une nuit blanche, il a roulé sans même s'en rendre compte jusqu'à La Couarde-sur-Mer. Il a titubé jusqu'à une boulangerie, a acheté une quiche lorraine et un éclair au chocolat. L'employée, une dénommée Manon d'après son badge, lui a demandé :

– Vous êtes sûr que vous vous sentez bien ? Vous devriez manger à l'intérieur, il fait un froid de canard dehors, avec tout ce vent...

Meyer l'a rassurée, a réglé puis est sorti sur le pas de la porte. Il s'est retourné, a regardé ses cheveux et n'a pu s'empêcher de lui dire :

– Prenez bien soin de vous !

Manon a eu l'air surprise, puis elle a rigolé devant la mine de Meyer.

– C'est plutôt à vous qu'il faut dire ça !

Meyer a souri, a fait un signe de main encombrée par la quiche tiède et s'est engouffré dans sa Ford Fiesta pour avaler son déjeuner en écoutant France Bleu La Rochelle. « Très nuageux. Pas de précipitations. Vent d'ouest-nord-ouest vers 18 heures devenant variable vers 21 heures. Force 2 en fin d'après-midi mollissant 1 en soirée. Mer belle. »

Sa fille a prévu de venir quelques jours fin décembre. Meyer sait qu'il va falloir faire un gros effort pour tenter de rendre l'appartement chaleureux, en commençant par le chauffer correctement. Meyer note mentalement qu'il doit acheter une ou deux stères de bois et faire ramoner la cheminée qui n'a visiblement pas servi depuis des lustres. Il va tout oublier, obsédé par 187 vertèbres de poissons.

9 décembre

Le corps est au centre du cercle, presque phosphorescent sous la lune blanche. En poursuivant sa route, l'astre crée des ombres mouvantes qui modifient les proportions du corps et le déforment au fil de la nuit. Le froid est mordant et laisse des zébrures rouges sur sa peau. Les grains de sable, emportés par le vent venant du large, fouettent le visage, s'infiltrent dans la bouche, les narines, les yeux, se mêlent aux cheveux roux, restent prisonniers d'un genou replié ou d'un poing serré. Dans ces mêmes creux, des vertèbres de poissons se cachent par dizaine et laissent de mystérieuses empreintes sur la peau. Au petit matin, la lumière, filtrée par un ciel gris chargé d'humidité, souligne la ligne tracée autour du corps, formée de vertèbres parfaitement alignées les unes à côté des autres, comme un immense collier. Les mouettes survolent le cercle et se posent sur le bord de la digue, comme pour guetter un signe de vie. Un chien aboie et tourne autour du corps. Son maître, un jeune sportif en jersey fluo, court en bord de mer, un peu plus bas sur la plage. Étonné par l'attitude de son chien, il fait demi-tour en courant et s'approche du cercle. Il s'arrête net quand il comprend ce qu'il voit et met sa main devant sa bouche. Il lui faut un moment avant de reprendre ses esprits. Il appelle son chien, le fait asseoir et le retient par le collier. Il compose le 15 sur son téléphone. En attendant la communication, il se tourne vers la mer.

Les nuages défilent à toute vitesse et s'accrochent aux quelques points hauts de l'île – clochers, phares, mâts. Le vent décoiffe tout : arbres, herbes des marais, crêtes des vagues, tuiles mal arrimées. Meyer arrive sur les lieux une heure plus tard, ébouriffé, en même temps que la police scientifique. La zone où se trouve le corps a été mise sous tente, pour le soustraire aux regards et assurer une bonne qualité de prélèvements. La route principale de l'île passe juste à côté de la digue du Boutillon : un gendarme est chargé de faire circuler les plus curieux.

La digue est en plein chantier. En 2010, au passage de la tempête Xynthia, les vagues avaient submergé la digue, laissant l'île coupée en deux. D'énormes travaux ont été entrepris pour construire une nouvelle digue, longue de 800 mètres, et éviter qu'un tel scénario se reproduise. Le corps, lui, a été retrouvé un peu plus loin, en contre-bas d'un mur de pierre. Le jogger qui a découvert la victime est assis un peu plus loin, à même le sable. Il tremble et cache son visage entre ses mains. Meyer s'approche.

– Bonjour. Commissaire Meyer. C'est vous qui avait découvert le corps ?

L'homme est pâle, visiblement en état de choc.

– Oui malheureusement...

– Je voudrais juste vous parler quelques minutes.

La marée est basse. Meyer aperçoit au loin les fameux parcs à huîtres, produisant des mollusques réputés pour leur goût de noisette. Le jogger n'attend pas les questions et prend immédiatement la parole :

– Je suis parti de chez moi à huit et demi. J'habite à La Couarde-sur-Mer, à 5 kilomètres. C'est mon chien qui a découvert le corps, moi je courais en bord de mer, je n'aurais rien vu. C'est vraiment horrible, non ? Vous avez vu son corps disloqué ?

– Non, pas encore.

– Comme si on l'avait balancé de la route... Ses bras et ses jambes sont n'importe comment, tout tordus. En plus, la femme me regardait fixement, comme si elle était encore vivante... C'est horrible, vraiment.

Le jogger se relève, fait quelques pas, respire profondément. Il est blême. Meyer se lève et lui prend le coude.

– Asseyez-vous, vous allez tomber.

L'homme s'effondre sur le mur, il tremble. Meyer s'éloigne quelques instants et revient avec une couverture de survie qu'il tend au jogger.

– Vous voulez que j'appelle un médecin ?

– Non ça ira. J'ai appelé ma femme, elle va venir me chercher. Vous avez d'autres questions ?

– Quelle heure était-il quand vous avez découvert le corps ?

L'homme sort son portable de sa poche, vérifie la liste d'appels.

– 11h18. J'ai dû la voir quelques minutes avant... Le temps que je reprenne mes esprits...

– Vous n'avez rien remarqué de particulier ? Des gens sur la plage ?

– Non, je n'ai croisé personne sur cette plage. Il ne fait pas très beau...

– Et au niveau des voitures ou de la route ?

L'homme réfléchit.

– Rien de spécial.

– Votre chien a touché au corps ?

– Non, je ne crois pas. Il a aboyé et a tourné autour, je ne pense pas qu'il se soit approché plus. Je l'ai tenu pendant que j'appelais le 15.

– Et vous ?

– Je suis resté derrière le cercle bizarre... J'ai pensé qu'elle devait être morte, d'après l'état de son corps et ses yeux grands ouverts. J'ai quand même appelé le SAMU, la personne qui m'a répondu m'a dit qu'elle prévenait immédiatement la police. Je n'ai pas voulu la toucher pour vérifier, c'était suffisamment horrible à voir...

Une femme s'approche. Visiblement, elle fait un effort

pour éviter de regarder la tente blanche et les hommes qui travaillent autour. Le jogger se lève :

– Vous n'avez plus besoin de moi, je peux partir ? Ma femme est là.

Meyer note leurs coordonnées et les laisse repartir. Il tente ensuite de joindre Privat, sans succès, laisse un message expliquant brièvement la situation. Puis le commissaire se dirige vers un des hommes de la police scientifique, David, qui le salue avec un grand sourire.

– Vous êtes le commissaire Meyer, c'est bien ça ? Eh bien, deux meurtres en trois mois, vous faites très fort ! Où en est l'enquête de la première victime ?

– Parce que, d'après vous, les deux meurtres sont forcément liés ?

– À priori oui. Même type de victime : femme jeune, rousse ; même mode opératoire : meurtre de nuit, étranglement ; même mise en scène : nue, avec des éléments étrangers – ici des vertèbres de poisson... Tout cela est très similaire, non ? Vous privilégiez une piste en particulier ?

– Vous avez pu effectuer des prélèvements intéressants ?

– Pierre Desproges disait : *Quand un philosophe me répond, je ne comprends plus ma question.* Vous ne répondez pas à ma question : c'est par déformation professionnelle ou c'est qu'elle vous dérange ?

– Ma troisième question est la suivante : vous en avez encore pour longtemps ?

– Ma réponse est : vous voulez la voir ?

Meyer hoche la tête. David lui fait signe de le suivre. Les deux hommes s'arrêtent à l'entrée de la tente. Le corps est là, nu, entouré d'un cercle blanc composé de vertèbres de poisson. Comprendre sa position est difficile : jambes et bras sont entremêlés, tordus ; la tête n'est pas dans l'alignement du tronc mais forme un angle avec celui-ci. Le visage est en partie caché par un genou et un coude replié. Meyer se fige, arrête de respirer. La fille... il la connaît. Il l'a déjà vue, il en est certain. Mais où ? Il cherche à retrouver la scène... Des baguettes, une boutique... Ça y est, Meyer se souvient : c'est l'employée de la boulangerie, à La Couarde. Rousse, il n'avait pu s'empêcher de la mettre en garde, ayant en tête le premier meurtre... Meyer fait demi-tour et s'assoit rapidement. Il ne se sent pas bien, se force à respirer calmement. Cette fille lui avait semblé tellement énergique, souriante. Il réalise que le fait de connaître la victime – même s'il ne l'a entraperçue que quelques instants – va lui poser quelques problèmes. Il va devoir se surveiller sans cesse, veiller à ne pas mettre trop d'affectif dans la mission, rester dans son rôle – une attitude difficile à tenir lorsqu'il voit son corps, qu'il se souvient de son sourire dans la boutique. David revient vers Meyer à grands pas, visiblement embêté.

– Vous allez bien ?

– Je connaissais la victime.

Meyer sort son portable, consulte Internet et compose le numéro de la boulangerie. Il se souvient de son badge et de son prénom.

– Bonjour, pourrais-je parler à Manon s'il vous plaît ?

– Manon Pajot n'est pas là ce matin...

– Vous savez à quelle heure elle doit arriver ?

– Justement, elle devait commencer à 9 heures et je n'ai aucune nouvelle. Vous êtes qui exactement ?

– Je rappellerai dans l'après-midi. Merci madame.

Meyer regarde le policier.

– Il s'agit de Manon Pajot, une employée de la boulangerie à La Couarde-sur-mer... Je l'ai vue... hier... Hier, vous vous rendez compte ? Je lui ai dit de faire attention à elle. En raison de ses cheveux roux. C'est devenu une obsession chez moi, cette couleur. Si j'avais su...

– Ça évitera de perdre du temps à chercher son identité. Soyons positifs.

Une femme de la police scientifique, Adèle, sort de la tente et les interpelle.

– Venez voir, on a trouvé un truc bizarre.

Les deux hommes s'approchent de la tente. Adèle demande à Meyer de rester sur le côté.

– Regardez : lorsqu'on soulève le corps, on s'aperçoit que l'empreinte laissée par celui-ci est à peine perceptible dans le sable. Le corps a forcément été déposé avec précaution sans quoi la marque créée par la chute du corps aurait été beaucoup plus profonde. Celui ou celle qui a fait ça a voulu donner l'illusion d'une chute, avec les membres emmêlés, mais tout cela n'est qu'une mise en scène. Ensuite l'assassin a masqué ses propres pas – ou le vent s'en est chargé ? Il faudra recouper avec la date exacte du décès estimée par le légiste. On l'emmène à La Rochelle ?

Ce pronom, ce « l » apostrophe, choque Meyer. Pour lui, c'est Manon, la jeune femme souriante de la boulangerie, et non ce cadavre que l'on va autopsier. Il secoue la tête, comme pour chasser ces idées toxiques. Il se reprend :

– Oui, je vais le prévenir.

– On a fini les relevés, les photos et les prélèvements. On emmène le corps ou bien vous voulez le voir une dernière fois ?

– Je veux la voir, j'en ai pour une minute.

Meyer s'éloigne un instant pour appeler Privat, qui ne décroche toujours pas. Meyer revient sous la tente. Autour du corps, les vertèbres de poisson sont alignées avec soin. Meyer se baisse et en saisit une dans la main. Il s'agit d'une véritable vertèbre, petite et blanche, avec de minuscules ouvertures sur le côté. Celle-ci mesure environ un demi-centimètre.

– Il y en a exactement 128 autour du corps, et 59 sur le corps. Soit 187 vertèbres. Soit un grand nombre de poissons. Nous déterminerons assez vite l'espèce précise et sa provenance – l'Afrique sûrement.

C'est Markus, la troisième personne de l'équipe, qui parle tout en enlevant sa combinaison blanche et en ajustant ses lunettes :

– Ma fille a ramené du Sénégal un collier similaire. Ils en vendent beaucoup là-bas.

Meyer regarde attentivement le cercle. Sa forme est parfaite. Il réfléchit à haute voix :

– Probablement tracé à l'aide d'un outil : impossible d'obtenir un tel cercle à main levée, surtout aussi grand. Pas de marque particulière au centre du cercle : effacée volontairement ?

Derrière lui, la voix de Privat l'interrompt.

– La zone où se trouve la victime est plus plate qu'aux alentours, elle semble avoir été préparée pour recevoir le corps et permettre l'effacement des empreintes ou des traces d'outils. Regardez : ici, il n'y a pratiquement aucun relief, alors qu'à 2 mètres de là le sable a créé de nombreuses dunes.

Meyer se relève et salue Privat, soulagé de le voir. Le commissaire sort pour vérifier ses dires.

Privat serre la main des trois policiers.

– Bonjour, lieutenant Privat. Désolé d'arriver si tard. Vous avez fini avec le corps ?

Adèle confirme d'un signe de tête.

– Vous me laissez un quart d'heure ?

David se met à rire.

– Pour trouver le coupable ? Bravo ! Il aurait fallu faire la même chose pour le meurtre précédent, non ?

Privat ne répond pas, s'éloigne de la tente et grimpe sur le mur en pierre juste au-dessus. Sa veste beige à col de fourrure est trop petite aux manches. Il examine attentivement la hauteur du parapet, la position de la tente en contre-bas. Il pose un caillou ramassé à terre sur le mur, juste au-dessus du corps. Puis il redescend et pénètre dans la tente. Meyer le suit :

– C'est Manon Pajot, l'employée d'une des boulangeries de La Couarde. Je l'ai vue hier, c'est elle qui m'a servi.

Privat se retourne :

– Tu es sûr ?

– Certain. Le pire, c'est que je l'ai mise en garde, à cause de ses cheveux roux : « Prenez bien soin de vous. » Elle m'a souri et elle m'a répondu : « C'est plutôt à vous qu'il faut dire ça ! » Horrible, quand je vois le résultat...

Privat ne répond pas, examine le corps, tourne autour, lentement.

– Je parie qu'on ne retrouvera aucune empreinte ADN, aucune trace de cheveux ou de peau sur son corps.

– Tu raisonnes par comparaison, c'est ça ?

– Vu le nombre de points communs entre ces deux meurtres – on les listera tout à l'heure –, difficile de raisonner autrement, en tout cas dans un premier temps. Et là encore, même question : que signifie cette mise en scène ? Nue, comme poussée du haut de la digue, recouverte et entourée de vertèbres de poissons... *So what* ?

Privat marque une pause.

– Ou bien, c'est l'inverse : un homicide qui imite l'autre, celui de Laetitia Giraud... Un meurtrier qui profite de la mort de Giraud pour tenter de dissimuler la mort de Manon Pajot, et faire accuser doublement le coupable précédent. Les journaux ont suffisamment décrit le corps et la scène du crime pour que quelqu'un puisse imaginer un autre meurtre sur le même principe : lieu, horaire, mode opératoire, type de victime, etc. Cela peut être l'auteur du premier homicide, ou pas : il ne faut laisser passer aucune piste sous prétexte que celui-ci ressemble à celui du mois de septembre.

– On est le 9, le 9 décembre...

– Après le 9 septembre : hasard, coïncidence ?

– Un cycle de trois mois, le temps d'une saison... Été, automne...

Privat se relève, une minuscule vertèbre de poisson dans la main.

– À propos, j'ai rêvé ou bien il y avait des colliers de ce genre dans la boutique de Frédéric Petit ? J'en mettrais ma main à couper. On fait un saut aux Portes-en-Ré pour vérifier ? Ça nous permettra de prendre de ses nouvelles, de voir son état, de vérifier son emploi du temps... Tu en penses quoi ?

– OK, profitons de l'effet de surprise.

Meyer et Privat se garent tous les deux sur le parking, vide à cette heure-ci. La brocante est ouverte, contrairement aux volets de la maison d'habitation. En entrant, ils aperçoivent Frédéric Petit dans la pièce vitrée, le dos tourné, qui semble réparer un objet. Il a gardé son blouson pour se protéger du froid, la brocante est glaciale malgré les voyants rouges des radiateurs. Meyer en profite pour vérifier la présence de colliers en vertèbres de poisson en parcourant chaque allée. Dans une des bibliothèques en bois clair sont rangés des objets en provenance d'Afrique : masques en ébène, bijoux, statuts, sculptures... Dans un coffret ancien, en bois peint, quelques colliers sont regroupés : perles en bois sombre, pendentifs sculptés, perles multicolores et... vertèbres de poisson. Meyer retire ces dernières du coffret. Les colliers sont au nombre de trois, de différentes tailles. Les vertèbres sont jaunes, avec des taches brunes à l'intérieur, montées sur un fil en coton noir. Elles ont pratiquement la même taille que celles retrouvées le matin même près du corps. Privat rejoint Meyer :

– Petit retape un meuble.

Privat examine attentivement les colliers. Meyer précise :

– Il faut comparer ces vertèbres et celles de ce matin, très vite.

– On attend l'ordre de perquisition ?

– Non, je vais investir dans mon prochain cadeau de Noël.

Privat s'approche de la pièce vitrée. Petit se retourne et son visage se fige lorsqu'il aperçoit les policiers. Meyer s'avance :

– Bonjour. Vous allez bien ?

Petit ne répond pas, continue à fixer le commissaire.

– J'ai un cadeau à faire pour ma fille, qui aime beaucoup ce genre de bijoux. D'où viennent ces colliers ?

– Artisanat du Sénégal : je les ai trouvés sur un marché de Dakar, au milieu d'objets anciens. Ils sont fabriqués pour les touristes par les femmes de pêcheurs de la côte occidentale. Ceux-là sont beaux parce qu'ils ont plusieurs années, ont déjà été portés et se sont patinés avec le temps : les vertèbres ont pris leur teinte définitive.

– Vous en avez beaucoup en stock ?

– Tout est là, j'en ai acheté une dizaine il me semble.

– Je n'en vois que trois...

Petit passe devant les hommes sans rien dire et se dirige vers la bibliothèque. Il cherche un moment parmi les autres bijoux.

– J'ai peut-être tout vendu.

– Je vais déjà prendre ces trois-là. Vous pouvez me faire un emballage cadeau ?

Petit les saisit sans un mot et retourne dans son atelier. Meyer le suit :

– Vous avez un registre de vos achats et de vos ventes ?

– C'est obligatoire. Il est dans mon bureau. Pourquoi toutes ces questions ?

– Vous pourriez en commander d'autres ?

– Non, sauf à retourner sur place, ce que je n'envisage pas pour l'instant. Mais sur Internet ou sur les marchés, vous en trouverez des plus récents, avec des vertèbres très blanches. Tout dépend de vos goûts personnels ou de ceux de la personne qui les portera. Vous avez réussi à arrêter le meurtrier de la fille retrouvée dans la réserve naturelle ?

Meyer est surpris par l'approche frontale de Frédéric Petit et reprend le même procédé :

– Où étiez-vous cette nuit ?

Petit recule d'un pas en fronçant les sourcils.

– À La Rochelle, pourquoi ?

– Chez un ami ?

– Non, à l'hôtel. J'étais à la brocante mensuelle de Rochefort et, épuisé, j'ai préféré m'arrêter à l'hôtel *Le Rochelois* pour la nuit. Sans quoi je me serais endormi au volant. Vous voulez voir la facture de l'hôtel ?

– Et ce matin ?

– Ce matin, je me suis levé tard, j'ai pris mon petit déjeuner à l'hôtel vers 10 heures, puis je suis rentré. Je viens d'ouvrir...

Petit fronce les sourcils, reprend :

– Parce qu'il y a eu un autre meurtre ?

– Quelqu'un peut témoigner de votre présence là-bas ?

– Le gérant de l'hôtel à mon arrivée, le serveur du café de *la Corniche* sur le même boulevard que l'hôtel, l'employée de l'hôtel pour le petit-déjeuner ce matin. C'est une femme ? Je veux dire la victime, c'est une femme ?

– Pourquoi ?

– Nue ?

– ...

– Rousse ?

Privat rentre dans la pièce vitrée, s'approche de Petit, l'attrape par le bras.

– Comment le savez-vous ?

– Par hypothèse : vous venez me trouver, vous ne me dites rien, mais vous vérifiez mon emploi du temps heure par heure. Cela veut bien dire qu'il y a eu meurtre mais également que vous avez fait un rapprochement entre les deux affaires. Alors, quels peuvent être les points communs ? Le corps ? La victime ? L'étranglement ?

Le ton monte, Frédéric Petit s'énerve. Il se défait de l'étreinte de Privat, parle de plus en plus fort. Il saisit un marteau de tapissier et le brandit en direction des deux hommes.

– Tous les journaux ont insisté sur la nudité de cette fille, et sur ses superbes cheveux roux, comme la signature du tueur. Je me suis trompé ? Il était petit, gros et blond ? Moi, je me demande plutôt : pourquoi suis-je une nouvelle fois suspecté dans cette affaire ? À cause de ma condamnation et de ces plaintes sans fondements ? De toute façon, j'ai un alibi.

Meyer demande :

– On peut voir votre registre des achats et des ventes ?

– Non. Si le juge l'ordonne, je vous donnerai le registre, mais seulement dans ces conditions. Je n'ai rien à cacher, mais je commence à en avoir marre de me faire emmerder sur la base d'une affaire vieille de plusieurs années.

Le lieutenant recule volontairement et sort de la pièce vitrée. Meyer estime qu'ils ont déjà obtenu pas mal d'informations et qu'ils pourront l'interroger en garde à vue si les soupçons se confirment.

– On va y aller. Mais sachez qu'il est dans votre intérêt de coopérer...

– Blablabla. Allez-vous-en, ne revenez pas sans un papier en règle, sans quoi je ne réponds plus de mes actes.

Les policiers s'éloignent sans un mot et regagnent leur voiture. Une pluie fine a tout mouillé, dégageant des parfums de sève et de terre.

Place de Verdun, le téléphone posé sur le bureau de Meyer sonne sans discontinuer, tout comme son portable dans la poche intérieure de sa veste. Les messages et les interlocuteurs se succèdent à un rythme bien supérieur à la moyenne d'une journée dite « normale ».

Entre 11h33 et 14h02, le procureur a appelé trois fois sans laisser de message.

À 13h02, le médecin légiste de La Rochelle lui indique qu'il procédera à l'autopsie cette après-midi même. Il félicite Meyer pour l'intensité de sa vie professionnelle en Charente-Maritime.

À 14h23, un gendarme lui annonce que les fouilles du Martray, de la digue du Boutillon et des environs n'ont rien donné. Le chien policier, appelé en renfort, n'a rien trouvé lui non plus : aucun effet personnel, aucun vêtement retrouvé, aucune trace suspecte.

À 15h05, le procureur tente à nouveau de joindre Meyer. Le commissaire s'est arrêté à La Couarde-sur-Mer pour interroger la propriétaire de la boulangerie et lui demander de confirmer, d'après la photo qu'il a prise sur son portable, l'identité de Manon Pajot. Elle atteste, réclame des explications, ce que le commissaire refuse en lui promettant de la rappeler dans l'après-midi. Il lui demande les coordonnées des membres de la famille. Après quelques instants, elle lui donne ceux de la mère de Manon Pajot, qui avait déjà appelé la boulangerie. Meyer la remercie et regagne sa Ford Fiesta. Il compose le numéro avec appréhension et un creux au niveau du ventre. L'appel dure quatorze minutes. Meyer raccroche, épuisé, bouleversé. La frontière entre professionnalisme et sentiment humain est ténue, fragile, membrane perméable et transparente. Meyer est inquiet, et son rhume n'arrange rien.

À 15h23, un journaliste de *Sud Ouest* lui demande des infos sur le meurtre et son avis sur la similitude entre les deux meurtres de l'île.

À 15h28, un journaliste de *La Charente libre* demande confirmation du lien entre les deux crimes.

À 16h02, un journaliste du *Phare de Ré* souhaite obtenir le profil du tueur en série.

À 16h34, Meyer commence une réunion au commissariat avec Privat, Delage, Sicard, Garnier et Besson. Au menu de la réunion : résumé des faits, liste d'hypothèses, comparaison des meurtres, profil du tueur et répartition des tâches.

À 17h44, le médecin légiste appelle Meyer pour un premier compte rendu oral. Ses conclusions sont les suivantes : mort violente par strangulation, pas de blessure interne constatée malgré la position des membres, pas de violences sexuelles. La mort a eu lieu entre 3 et 4 heures du matin. Il enverra à Meyer un rapport écrit détaillé en fin de soirée.

À 17h56, Meyer appelle le laboratoire de la police scientifique pour demander l'analyse des colliers achetés ce matin et leurs éventuels points communs avec les vertèbres retrouvées près du corps. Un employé passera les récupérer au commissariat.

À 18h14, la conférence de presse tourne au pugilat. Le communiqué rédigé par le procureur et lu par Meyer ne satisfait pas les journalistes, qui s'empressent de le faire savoir. Meyer sort de la salle sous les huées – il en a l'habitude.

Entre 17h46 et 18h23, le père de Manon Pajot a laissé quatre messages au commissariat pour être rappelé par Meyer le plus rapidement possible.

À 18h39, Meyer compose son numéro. Lui et sa femme veulent voir le corps de leur fille. Meyer leur explique longuement qu'une autopsie médico-légale est obligatoire dans le cadre d'un homicide, qu'ils pourront voir le corps dès demain matin. Meyer leur renouvelle ses condoléances, prend le temps d'écouter leur douleur. La colère n'est pas encore là, elle va bientôt venir. Il faudra gérer cela aussi – après, plus tard.

Entre 19h03 et 23h51, Meyer reçoit une dizaine d'appels de rédacteurs en chef, en plein bouclage de leur une. Il ne décroche plus.

À 19h55, Privat le supplie de prendre un temps de repos et l'emmène de force à la brasserie voisine. Le croque-madame et « sa robe de verdure » le dégoûte, il ne mange que le pain avec un peu de moutarde. Les deux hommes ne parlent pas durant toute la durée du repas.

À 20h52, épuisé derrière son bureau, alors qu'il tente en vain de se concentrer sur l'attitude de Frédéric Petit, Meyer reçoit un appel de sa fille, qui vient d'apprendre le « meurtre de la digue » par les médias. Meyer a à peine prononcé quelques mots que Liesel sait déjà l'état de faiblesse de son père, son épuisement, sa colère. Elle tente, sans succès, de lui apporter son aide et lui fait promettre de rentrer et de dormir. Meyer sait à l'avance ce qu'il en sera : les phares des voitures sur le plafond, le bruit de la rue, le corps agité, le défilé des pensées, la peur de l'insomnie, les teintes grises de ses tableaux dans l'obscurité. Mais il lui obéit, rentre dans l'appartement vide et avale deux somnifères avec honte. Son portable continuera longtemps de vibrer sur la table basse du salon, émettant un halo de lumière bleu par intermittence. Meyer dort d'un sommeil artificiel.

À 23h56, un SMS s'affiche sur l'écran : « Merci de me rappeler. Je sais qui est le meurtrier de Manon. Patrick Trenet, copain de Manon. »

Page 23

Nous partageons le même corps, les mêmes cellules. Et tu m'as contaminé. Ta maladie est mienne, tu me ronges de l'intérieur. Tu pénètres une par une mes cellules, colonises mes organes, mes reins, mon foi, ma rate. Tu viens et tu te sers. Tu me prends, partie après partie, jour après jour. Mon corps est un supermarché à cœur ouvert ; je m'expose, je me vends, tu me découpes, tu me prélèves. Je suffoque sous tes doigts chirurgiens. Et elle, sera-t-elle à son tour infectée ?

Ma bien-aimée, ton corps ta bouche tes bras tes lèvres tes cils tes cheveux : y a-t-il un avenir ? La décomposition organique est lente, battement d'ailes de papillon. Le temps fait son œuvre. Nous nous servons de toi comme il se sert de moi. Ton œil ouvert sert de cocon à une araignée Pholcidae, ton ventre grouille des premiers germes de la putréfaction et ta froideur me rend fou. Mais bientôt tes os blanchiront sous terre, tes cheveux roux ne seront que regrets.

10 décembre

Le réveil est brutal. Meyer, arme de service à la main, vise un homme qui pointe son pistolet sur la tempe de sa fille. Liesel porte une perruque orange. Meyer met du temps à comprendre ce qui lui arrive. Il jette la boîte de somnifères contre le mur de la chambre en hurlant. Foutues pastilles. Il est tellement assoiffé qu'il pourrait vider une piscine olympique. C'est en se dirigeant vers la cuisine qu'il aperçoit la lumière bleutée de son téléphone. Après s'être cogné le pied contre la table basse, Meyer s'effondre sur son canapé en cuir qui lui colle à la peau et le refroidit instantanément. Mais tout cela n'a plus d'importance lorsqu'il écoute le message de Patrick. Il le rappelle aussitôt, s'aperçoit qu'il ne sait pas l'heure qu'il est, qu'il n'en a aucune idée. Après cinq sonneries, la messagerie se déclenche. Meyer jure. Dans l'obscurité de la cuisine, il boit directement au robinet de l'évier, à longues gorgées. Pas un bruit dehors, tout est noir. Le micro-ondes indique 03:30. Meyer part se recoucher. Il tente de se calmer, fixe son esprit sur chaque partie de son corps – le stage de sophrologie suivi il y a quelques mois n'a pas été vain. Au bout de quelques minutes, son esprit s'apaise et il parvient même à visualiser ses idées comme des bulles de savon – toujours les percer avant qu'elles ne prennent trop d'importance. Il dort jusqu'à 6 heures et se sent beaucoup mieux à son réveil. Il appelle immédiatement Patrick, qui décroche dès la seconde sonnerie. Ce dernier ne veut rien dire au téléphone et les deux hommes se donnent rendez-vous devant le café du Commerce, sur le port d'Ars-en-Ré.

Le commissaire se gare près du port et rejoint un jeune homme qui l'attend sur une mobylette, devant le café. Le casque posé sur le guidon, il se ronge les ongles. Il descend lorsque Meyer approche. Ses cheveux bruns sont figés par un gel à l'odeur agressive, et Meyer, à jeun, a tout de suite mal au cœur. Meyer le regarde mais ne voit que ses baskets blanches, énormes, qui contrastent avec sa tenue noire.

– Commissaire Meyer...

– Patrick Trenet, c'est moi qui vous ai appelé hier soir. On marche un peu ?

– Je vous suis.

Patrick emmène son casque sous le bras. Les deux hommes s'engagent le long du chenal qui mène à la mer, vers le centre nautique. Meyer avale l'air du large avec soulagement. Le chemin est vide et Patrick, après avoir regardé à plusieurs reprises aux alentours, se tourne vers lui :

– Manon était menacée. Elle me l'a dit plusieurs fois. Elle avait fait une connerie et elle en payait le prix fort. On la faisait chanter. Il l'a tuée pour ça.

– Quelle connerie ? Qui l'a tuée ?

– Elle ne m'a jamais donné de détails mais elle y pensait tout le temps. Cela la rendait très nerveuse. Elle a toujours refusé de répondre à mes questions.

– Qui la menaçait ?

– Je ne connais pas son nom. Je vous l'ai dit, elle refusait d'en parler.

– Mais c'était quel genre de menaces ?

Patrick hausse les épaules en signe d'ignorance. Meyer s'énerve.

– Bon, je vais poser les questions autrement : vous savez quoi exactement ?

– Manon a déménagé pour échapper à des menaces, ça j'en suis sûr, elle me l'a dit. Mais je n'ai jamais vu quoi que ce soit, c'était plutôt dans des moments de confidence qu'elle me parlait de ses soucis...

– Ces menaces étaient faites au téléphone ? A-t-elle eu un comportement bizarre en téléphonant ?

– Non...

– Par Internet ?

– Je ne sais pas...

– Bon, on va tâcher de se renseigner là-dessus. Est-ce que vous pouvez me décrire Manon, sa personnalité, ses goûts ?

Meyer scrute le visage de Patrick mais celui-ci détourne volontairement la tête.

– Manon était plutôt joyeuse, souriante. Elle aimait sortir, voir des gens, s'amuser. Par contre, à certains moments, elle était hyper stressée, angoissée, comme si elle avait peur... Dans ces cas-là, je préférais la laisser seule, elle s'énervait vite...

– C'est arrivé souvent ?

– Trois, quatre fois... Le soir en général.

– Elle faisait quelque chose en particulier à ce moment-là ?

Patrick regarde Meyer. Il est blanc.

– Non, je ne me souviens pas.

– Je peux vous demander quand vous avez vu Manon pour la dernière fois ?

Patrick se voûte et se dirige vers un banc. Il s'y assoit, le visage blême. Le commissaire s'assoit à côté de lui et détaille ses baskets. Le jeune homme doit bien chausser du 45 ou du 46, et Meyer replie ses pieds sous le banc, soudain gêné par ses mocassins d'un autre âge. Patrick joue avec la visière de son casque, nerveusement. Il respire un grand coup et répond :

– On a passé la soirée ensemble, sur la plage de La Couarde-sur-Mer. On s'est baignés – l'eau était glacée – et ensuite je l'ai ramenée devant chez elle en mobylette.

– Vous l'avez vu rentrer chez elle ?

Patrick réfléchit.

– Non, elle est restée à me faire signe jusqu'à temps que je parte.

– Elle avait déjà ouvert la porte ?

– Non, je ne crois pas... je ne suis pas sûr... Vous croyez que... ?

– Il était quelle heure à ce moment-là ?

– Il devait être 23 heures à peu près. Je suis rentré chez moi, j'habite encore chez mes parents. Au moment de rentrer, j'ai vu mon voisin, il garait sa voiture dans son garage. On s'est salués. Je me suis couché, le réveil indiquait 23h40.

– Est-ce que quelqu'un vous a vu sur la plage ou dans le village ?

– La plage était déserte, c'est sûr. Après, dans le village... Je n'ai pas le souvenir d'avoir croisé quelqu'un dans les rues.

– Comment était habillée Manon ?

– Une jupe en jean, des sandales, un pull... blanc je crois et une veste en jean aussi.

– Elle avait des affaires ?

– Un grand sac de plage et son portable dans une des poches. Elle avait peut-être ses papiers. Je ne sais pas.

Meyer ne dit plus rien, il attend. Patrick semble mal à l'aise.

– Est-ce que... est-ce que je suis suspect, puisque je suis la dernière personne à avoir vu Manon ? Mes parents m'ont vu rentrer hier soir, mon voisin aussi. Ils pourront tous vous le confirmer... Et vous croyez que je peux avoir des problèmes à mon tour parce que je vous ai dit ça ?

– Vous m'avez dit : Manon Pajot est menacée. Vous ne savez ni qui ni comment ni pourquoi. Cela ne constitue pas vraiment un motif de meurtre, non ?

Sur la digue devant le fier, Meyer appelle Privat, lui résume la conversation avec Patrick et le charge d'obtenir le plus vite possible une autorisation de perquisition pour examiner l'ordinateur de Manon Pajot. Puis le commissaire appelle la brigade de renseignements et d'investigations judiciaires de La Rochelle, qui a plusieurs enquêteurs spécialisés en nouvelles technologies, et leur expose la situation. Enfin, Meyer rappelle Cathy, la patronne de Manon Pajot et lui confirme la nouvelle. Elle crie puis très vite se met à poser mille questions. Meyer lui explique qu'il ne peut encore rien dire. Il lui demande une description de la personnalité de Manon et la réponse de Cathy ressemble à un portrait chinois : un tournesol, de l'énergie, jeune et jolie, une pieuvre à six bras et vive comme l'éclair. Plus poétique que la description de Patrick, mais assez proche en termes de contenu. Meyer, avant de repartir sur le continent, s'arrête un bref instant à la terrasse du café, décorée de branches de sapin et de guirlandes rouge et verte. Il remonte son col et commande un grand café au lait, indispensable pour attaquer cette journée et chasser les effluves de gel coiffant. Les premiers clients arrivent, le saluent, rentrent se réchauffer à l'intérieur. D'après les bribes de conversation que Meyer saisit, l'homicide d'hier est au cœur de toutes les conversations... Meyer se brûle en buvant son café.

Le rapport du légiste attend le commissaire. Asphyxie par pression externe ayant entraîné l'obstruction des voies aérienne et digestive, mort par strangulation confirmée. Pas de blessures internes malgré la position du corps, pas d'abus sexuels, pas de cheveux, de peau, de sperme ou de morve, donc pas de traces ADN, pas de blessures externes excepté la zone du cou avec contusions, ecchymoses et abrasion de la peau. Heure présumée de la mort : 3h30. Meyer se souvient des chiffres lumineux sur le micro-ondes de la cuisine et sa respiration se bloque. La coïncidence est morbide... Le commissaire se ressaisit et appelle les parents de Manon Pajot. Il aimerait pouvoir recouper les infirmations de Patrick avec eux, vérifier cette histoire de menaces. C'est la mère de Manon qui répond. Il se présente et lui renouvelle ses condoléances. Elle marque un temps d'arrêt et lui demande :

– Meyer, c'est un nom très répandu en Alsace, non ?

– Heu, oui...

– Vous connaissez une certaine Liesel Meyer ?

Meyer est tellement surpris qu'il ne répond pas. La mère de Manon continue :

– Lorsque Manon avait 10 ans, elle était gardée tous les soirs après l'école par une jeune fille, Liesel Meyer, une étudiante en architecture. Nous habitions Paris à l'époque. Manon l'aimait beaucoup.

Meyer sent son cœur battre très fort, très vite, et pose sa main gauche sur sa poitrine pour calmer la douleur.

– C'est bien ma fille, Liesel Meyer... C'est vrai, elle faisait beaucoup de gardes d'enfant pour arrondir ses fins de mois, elle est architecte, et a fait ses études à Paris...

– Elle nous avait dit que son père travaillait dans la police...

Meyer sent une vague de stress monter. Depuis hier, les liens avec la victime se multiplient : il la connaissait, l'avait mise en garde, s'est réveillé à l'heure exacte de sa mort, et maintenant sa fille la connaissait... Meyer se sent piégé comme un insecte sur une toile d'araignée. Il fait un effort démesuré pour continuer la conversation. Lorsqu'il raccroche, il est en sueur, trempé, et son cœur tachycarde. Il ferme les yeux, respire profondément et oblige son corps à se détendre. Petit à petit, les battements cardiaques s'espacent, se calment. Meyer s'éponge le front, le cou, attrape une bouteille d'eau et la vide entièrement. Il est épuisé.

On frappe à la porte. Jeff Delage passe une tête et s'alarme en voyant le teint gris de Meyer.

– Ça ne va pas ?

– Ma fille connaissait Manon Pajot, elle était sa babysitter lorsqu'elle faisait ses études... C'est la mère qui s'en est souvenue.

Delage entre et referme la porte.

– Cela ne change rien au déroulement de l'enquête, non ?

– Non, le lien n'a pas d'incidence... Mais c'est bizarre et très désagréable... Et l'image de Manon, pétillante et drôle, debout dans la boulangerie, me revient souvent à l'esprit.

– Attention à ne pas t'impliquer de façon trop personnelle dans cette enquête... C'est une coïncidence, rien de plus.

Meyer esquisse un sourire :

– Je sais, je sais...

– Je venais pour le rapport du labo sur les vertèbres.

– Ok, on fait une réunion avec Privat, Besson, Garnier et Martin.

Les six hommes se retrouvent autour de la table qui jouxte le bureau du commissaire. À son arrivée au commissariat, Meyer a renoncé à utiliser la salle de réunion, avec sa grande table rectangulaire, impersonnelle et froide. Il a fait installer cette table ronde entre la fenêtre et son bureau et se félicite chaque jour de son choix. Le commissaire fait le point sur les avancées de la journée :

– D'après Patrick, Manon était menacée mais il n'en sait pas plus. J'ai appelé la mère de Manon. Les parents ignorent tout : ils ne voyaient plus beaucoup leur fille depuis deux ans. Je vous rappelle que la victime a habité à Bourges chez ses parents jusqu'à son bac, ensuite elle est partie à Paris suivre une année d'étude. N'ayant plus les moyens financiers de se loger là-bas, elle a répondu à l'annonce de la boulangerie, à La Couarde-sur-Mer. De façon générale, les témoignages se recoupent au niveau de sa personnalité : souriante, avenante, qui aimait sortir et voir du monde. Ses parents ne voient aucun mobile pouvant expliquer sa mort. Pour info, ma fille connaissait la victime, c'était sa baby-sitter quand Manon était enfant...

– Curieuse coïncidence, tu ne trouves pas ?

C'est Privat qui pose la question.

– Tu as d'autres points communs avec Manon Pajot ?

Le commissaire est mal à l'aise, le ton du lieutenant est étrange, un brin agressif.

– Je l'ai rencontrée la veille du meurtre, elle travaillait à la boulangerie. J'ai acheté un sandwich.

– C'était la première fois que tu allais dans cette boulangerie ?

Meyer fronce les sourcils :

– Oui, pourquoi ?

Privat se tait. L'ambiance s'est alourdie et Meyer est de plus en plus mal à l'aise.

– Quel est le problème ?

Privat regarde le commissaire avec attention :

– Les meurtres sur l'île sont, et c'est tant mieux, extrêmement rares. Le dernier remontait à 2003. Depuis ton arrivée, il y a eu deux meurtres en quatre mois... Certains se posent des questions et se demandent si les meurtres ne sont pas liés à toi, à ton passé...

Meyer tape du poing sur la table, furieux et son cœur repart pour une nouvelle gigue.

– Concrètement, on a quoi ? Une employée de boulangerie qui me vend un bout de pain et ma fille qui l'a gardée après l'école il y a dix ans ? Quant au premier meurtre, aucun lien, rien. Alors quoi nom d'un chien ?

Le lieutenant Privat secoue la tête, et ajoute d'un ton patient qui hérisse Meyer :

– Alors rien, on te met juste au courant des rumeurs de couloir, c'est tout.

Le commissaire fixe son adjoint dans les yeux :

– Et toi, tu en penses quoi exactement ?

– Qu'il faut se dépêcher d'arrêter ce fou dangereux.

– C'est tout ?

Privat regarde Meyer et ponctue chacun de ses mots avec un signe de tête :

– Oui, pour l'instant, c'est tout.

Jeff se tortille sur sa chaise et, après un long silence, prend la parole :

– J'ai le rapport du labo sur les colliers, ça vous intéresse ? Le rapport dit que toutes les vertèbres de poisson proviennent du Sénégal. Elles peuvent être séparées en deux groupes. Certaines ont été pêchées récemment et sont en général de couleur blanche : sur les 187 vertèbres retrouvées, 103 appartiennent à ce groupe. Le second groupe est constitué de vertèbres beaucoup plus anciennes, jaunes avec des taches brunes, similaires aux vertèbres des trois colliers que tu as donnés à analyser hier. Ce qui ne veut pas dire qu'elles proviennent forcément du même stock, cela veut seulement dire qu'elles sont plus anciennes que les autres.

Privat interroge Delage :

– Si je comprends bien, on ne peut pas arrêter Frédéric Petit sur ce seul indice ?

– Exactement, cela ne peut pas constituer une preuve. Hier, sur le marché de La Rochelle, j'ai vu plusieurs colliers identiques. C'est à la mode apparemment et le meurtrier n'a pas eu de mal à s'en procurer. Mais je pense qu'il faut d'abord réfléchir à la manière dont il a utilisé ces vertèbres dans la mise en scène. Personnellement, je ne connais pas de symbole lié aux vertèbres de poisson. J'ai fait quelques recherches sur Internet : le poisson est un animal d'une grande signification symbolique et spirituelle. Chez les peuples indo-européens, il représente la fécondité et la sagesse, en Chine, la chance et la richesse. Quant aux chrétiens, pour ne pas attirer l'attention des romains, ils utilisaient cet animal comme signe de reconnaissance. C'est donc une symbolique forte. Concernant les vertèbres, pas de sens caché, juste un rôle de protection de la moelle épinière. Bref, je ne vois pas de lien entre tout cela et le meurtre...

Sacha Garnier intervient :

– Si les deux meurtres ont été commis par la même personne, il y a donc : une pyramide de sel, deux traits de farine sous les narines, un cercle de vertèbres de poisson et des vertèbres sur le corps. On dirait un inventaire à la Prévert... En commun : même nudité du corps, même type de femmes – blanc et jeune –, même couleur de cheveux.

Privat ajoute :

– Et mêmes horaires, mêmes lieux : la nuit sur des plages ; mêmes dates : 9 septembre et 9 décembre.

Le commissaire intervient :

– Ce qui ne veut pas dire que le coupable soit le même. Le second meurtrier peut se servir du premier homicide comme couverture.

– Ce que je ne comprends pas, c'est la manière dont procède le meurtrier. Est-ce qu'il repère ses victimes à l'avance ? On serait tenté de répondre par l'affirmative parce qu'apparemment il existe un profil de victimes. Cela veut-il dire qu'il les repérait puis les suivait jusqu'à ce qu'il trouve le bon moment et le bon endroit – la plage, la nuit – pour les tuer ? Tout en ayant avec lui les « objets » de la mise en scène ? Et puis les meurtres ont lieu le 9 du mois... Cela paraît impossible de réunir tous ces éléments, non ?

Les hommes restent silencieux, plongés dans leur réflexion. Sacha Garnier prend la parole :

– J'ai des infos sur le portable de Manon Pajot. Elle n'a passé aucun appel le soir de sa mort. Le dernier texto remonte à 18h08. Le portable a été éteint définitivement à 3h55 du matin. Depuis, aucun signal. L'opérateur nous donnera demain matin la liste détaillée de ses appels et l'identité de ses correspondants.

Privat se tourne vers Meyer :

– Tu paries que, comme dans le portable de Laetitia Giraud, il y aura le numéro d'Arthur Lafarge, notre adjoint de sécurité en 06 ?

Le commissaire sourit, saisit les dossiers dans ses mains et ajoute :

– Une perquisition chez Pajot est en cours. Son ordinateur sera examiné ce soir par la brigade de renseignements et d'investigations judiciaires. Garnier, il faut que tu vérifies l'alibi de Patrick le soir du meurtre, vois avec ses parents mais aussi son voisin. Tente de trouver des infos sur son retour en mobylette avec les habitants du village. Il faut aussi analyser l'entourage des deux victimes et tenter d'y trouver des personnes communes ; utilise tous les réseaux sociaux. Martin, tu vérifies les alibis des trois condamnés : Marie Fabre, Jacques Carron et Frédéric Petit. Ce dernier nous a déjà donné son emploi du temps, il faut juste contrôler. Vérifie aussi si de nouveaux inculpés pour meurtre ou agression sexuelle ne résident sur l'île depuis septembre. Besson, tu passes la vie de Manon Pajot au peigne fin et tu demandes de nouvelles recherches au Martray dans trois jours – pour le premier meurtre, on a retrouvé les vêtements quatre jours après. Avec la cynophile. Bon, et l'affaire des pignons de pin, on en est où ?

Rémi Besson prend la parole.

– Les filatures ont permis de mettre des noms sur les cueilleurs. Ils sont une dizaine, tous Espagnols. Ils travaillent par équipe de deux, sept jours sur sept. Ils dorment dans leur fourgon, souvent en face de la zone artisanale de Sainte-Marie, sur le parking de la DDE. De forts soupçons pèsent sur les commanditaires : quatre entreprises espagnoles et une entreprise française de Perpignan. Les cueilleurs leur revendent entre 38 et 40 centimes le kilo de pommes de pin. Grâce à la collaboration avec l'association Ré Nature Environnement et la police espagnole, l'enquête avance bien, mais reste maintenant à remonter jusqu'à la tête du réseau.

– Tu as toujours des gars en filature ?

– Pas sur les cueilleurs, on a déjà leurs noms et leur mode

opératoire, mais sur les semi-remorques qui partent vers l'Espagne ou le sud de la France. La police de Perpignan complète le dispositif.

– Comment va Félix Garcia ? Pas de séquelles ?

– Pas de séquelles physiques, et c'est une grande chance vu la gravité des blessures. Psychologiquement, il a l'air d'aller bien. Son co-équipier, Niels Lavain, reconnaît que Garcia est plus prudent qu'avant : son gilet pare-balles n'est jamais loin.

Avant que les hommes ne se lèvent, le commissaire regarde chacun d'eux autour de la table.

– Une dernière chose : dorénavant, qu'on me tienne au courant régulièrement des bruits qui courent sur ma carrière, c'est bien compris ?

Vers 20 heures, le commissariat se vide. Meyer aperçoit les décorations de Noël qui clignotent sur la place de Verdun, il fait nuit depuis longtemps. Il appelle sa fille en se demandant si elle a fait le lien entre la victime et la petite fille gardée il y a dix ans, tombe sur son répondeur. Son message est bref : « Comment vas-tu Liesel ? Ici, c'est tendu. On est sur le pied de guerre. J'espère vraiment t'accueillir dans dix jours. Je t'embrasse, prends soin de toi. »

Meyer rentre chez lui, épuisé. Il n'a pas le courage d'accrocher les quelques décorations achetées la semaine précédente. Il se sert un verre de Gewurztraminer, allume sa chaîne hi-fi, choisit le concerto brandebourgeois n°3 de Bach et s'écroule dans son fauteuil. Une pause indispensable et salutaire. Un quart d'heure plus tard, Meyer, toujours assis dans son fauteuil, ronfle. Un peu de vin s'est renversé sur son pantalon.

11 décembre

La vitrine, travaillée comme un tableau, pleine de couleurs, de formes et de reliefs, attire l'œil de Meyer. La librairie *Calligrammes*, à deux pas du commissariat, rappelle aux plus distraits que Noël approche. Meyer rentre à l'intérieur, il n'a rien pour sa fille – même pas un début d'idée. Attiré par une alcôve un peu plus sombre, il feuillette les nouveautés du rayon Beaux-Arts. Les couvertures, lisses et glacées, font de l'œil aux clients, mais offrir un livre grand public sur l'architecture écologique ne semble pas une excellente idée. Meyer s'arrête au rayon des policiers, les titres le font toujours sourire : *Le lecteur de cadavres, Les poètes morts n'écrivent pas de romans policiers*... Et lui, s'il avait à écrire un policier sur son enquête en cours, quel titre lui donnerait-il ? *L'île de Ré suscite les morts ? Fausses notes en Ré ?* Un coup de fil de la brigade départementale de renseignements et d'investigations judiciaires l'oblige à sortir rapidement de la librairie. Il profite d'un rayon de soleil sur le trottoir alors qu'il écoute le lieutenant Pichon, son interlocuteur.

– Nous avons étudié les données de l'ordinateur de la victime. Un seul dossier était sécurisé par un mot de passe, vite cracké car composé de six lettres seulement. À l'intérieur, une vidéo et des photos sur les ébats sexuels de deux personnes majeures. L'une d'elle est Manon Pajot, l'autre est un homme blanc, d'une trentaine d'années. Nous avons effectué des recherches sur le Net. Les photos sont visibles sur quatre sites de rencontres. Je pense qu'il s'agit de *revenge porn*, qu'on pourrait traduire par la vengeance au moyen de la pornographie. Il s'agit de se venger de son ex en publiant des photos ou des vidéos compromettantes...

Meyer connaît cette pratique, qui le dépasse complètement. Les premières condamnations sont arrivées en France récemment et depuis les plaintes se multiplient. Le commissaire demande :

– Vous avez pu identifier l'homme présent sur la vidéo ?

– Nous y travaillons – c'est une question d'heures. Nous savons que Manon Pajot a accédé directement à ces photos depuis sa boîte mail grâce à des liens hypertextes, mais tous les mails ont été supprimés. Là aussi, c'est une question d'heures : nous devrions retrouver l'expéditeur rapidement.

– Et sur les réseaux sociaux ?

– Pour l'instant, pas de trace des photos ou de la vidéo. L'affaire peut très bien rester au stade de la menace d'une diffusion sur les réseaux sociaux, sans passage à l'acte.

– Des preuves d'un chantage financier ?

– L'accès à ses mails devrait nous apporter une réponse rapidement. Je vous rappelle dès qu'on a un élément nouveau.

Meyer remercie le lieutenant Pichon. Enfin une éclaircie dans cette enquête. Meyer traverse rapidement la place, qui accueille depuis quelques semaines déjà le marché de Noël. Des effluves de barbes à papa, de pralines grillées et de cannelle flottent dans l'air. Cela le replonge instantanément dans ses souvenirs d'enfance, en Alsace. Un peu plus loin, la machine à malaxer la guimauve fonctionne à plein régime et le père Noël semble épuisé derrière ses lunettes rondes. Meyer n'a pas le temps de traîner, il se hâte pour prévenir l'équipe mais, devant le commissariat, il est à nouveau assailli par une horde de journalistes.

– Que pensez-vous de la déclaration de Cathy, la patronne de Manon Pajot ?

– Est-il vrai que Manon Pajot se sentait menacée ?

– Pourquoi aucune protection ne lui a été accordée ?

– Il paraît que vous n'avez rien fait pour sauver Manon Pajot ?

Meyer bouscule un ou deux journalistes et s'engouffre dans le commissariat. Il donne l'ordre de ne laisser rentrer aucun journaliste et, furieux, monte l'escalier quatre à quatre et frappe à la porte de Privat. Sans attendre de réponse, il entre : Privat est au téléphone et lui fait signe qu'il a bientôt fini. Meyer patiente quelques instants puis Privat raccroche.

– C'était le procureur. Il paraît que ton téléphone est tout le temps occupé. *No comment.* Il veut qu'on organise une conférence de presse : rassurer la population, c'est son mot d'ordre. Est-ce que tu as entendu les déclarations de la patronne de Manon Pajot ? Elle affirme que Manon était menacée par téléphone, qu'elle en avait fait part à la police et que celle-ci avait refusé de la protéger.

– Quoi ? Et tu as discuté directement avec elle ?

– Non, impossible de la joindre. Tout est passé par une interview avec une journaliste, d'où la meute au dehors... Elle doit aimer être la vedette du jour.

Meyer compose immédiatement le numéro de Cathy, la ligne est occupée.

– Allons-y, il faut mettre un terme à ces rumeurs.

Privat se lève, attrape son blouson. Les deux hommes passent par une sortie de service pour éviter la meute et s'engouffrent dans la Ford Fiesta de Meyer.

Trente minutes plus tard, Meyer se gare non loin de la boulangerie. Un journaliste et son équipe sont en train de réaliser un reportage devant la boutique tandis qu'à l'intérieur une foule de curieux se pressent pour acheter du pain et essayer d'obtenir un scoop. Meyer et Privat rentrent dans la boutique et demandent à voir la patronne. Une employée explique qu'elle est au téléphone. Meyer contourne le comptoir et ouvre la porte : Cathy, en pleine conversation, se lève brutalement et met fin à son coup de fil.

– Commissaire Meyer. C'est moi qui vous ai appris la mort de Manon Pajot au téléphone.

Cathy attend, ne répond pas.

– Vous pouvez nous expliquer ce que vous avez dit aux journalistes ?

Cathy se rassoit, l'air effrayé.

– J'ai dit que Manon recevait des appels sur son téléphone portable. Un jour, elle était en pause dans la cour juste derrière la boulangerie et la fenêtre de ma cuisine était ouverte, j'ai entendu ce qu'elle disait. Apparemment, on lui réclamait de l'argent car elle disait : « Je n'ai pas un sou, je ne peux pas te payer ce mois-ci » ou quelque chose de ce genre. J'ai senti qu'elle avait peur. Elle a supplié plusieurs fois. Quand elle est revenue dans la boutique, elle était toute blanche. Je lui ai demandé si ça allait, elle m'a répondu qu'elle avait des soucis avec un homme. Elle a juste dit ça.

Cathy se trémousse sur sa chaise, mal à l'aise. Elle ne dit plus rien. Meyer intervient :

– Vous dites qu'elle en avait parlé à la police ? À quelle police ?

– Enfin...je ne suis plus très sûre... Il me semble bien qu'elle m'a dit ça.

– Vous en êtes certaine ou pas ?

– En fait, je n'arrive plus à me souvenir si c'est exactement ça qu'elle m'a dit...

– Vous déclarez à tous les journalistes que Manon Pajot avait demandé la protection de la police : c'est vrai ou c'est faux ?

– Il me semble mais je ne suis pas sûre...

– Quelle police ?

– ... Je ne sais plus.

– Et la police ne l'aurait pas aidée ?

– Ben non, regardez le résultat, ça prouve bien que personne ne l'a protégée, non ?

– C'est ce que vous en déduisez. Vous a-t-elle vraiment parlé de ce refus de protection par la police ?

– ... Non, c'est juste qu'elle s'est fait agresser donc ça veut bien dire que personne l'a aidée.

Meyer devient rouge pivoine.

– Vous allez me faire le plaisir d'arrêter immédiatement vos interviews à la con. Je vous interdis de parler à qui que ce soit : un journaliste, un client, votre mari. C'est bien clair ? Pas un mot, pas un seul mot, ou je vous fais arrêter pour entrave à l'exercice de la justice. Vous avez bien saisi ?

Cathy se tasse sur sa chaise, commence à gémir.

– C'est pas de ma faute : les journalistes n'arrêtent pas de me poser plein de questions, avec leurs micros et leurs caméras et je...

– Une fausse déclaration est réprimée sur le plan pénal et vous risquez gros à inventer des conneries. C'est clair ?

Le oui de Cathy est faible. Meyer et Privat sortent du bureau et passent sans un mot devant les clients qui, avides de nouveautés, les regardent jusqu'à ce qu'ils montent dans la voiture. Meyer est fou furieux.

Le coup de fil, une heure plus tard, du contrôleur général de police n'arrange pas l'état cardiaque de Meyer, qui se fait rappeler à l'ordre pour absence de résultats et mauvaise gestion des tiers. Meyer sait que pour continuer l'enquête il va devoir appliquer la technique de la toile cirée : être comme cette matière, imperméable, laisser couler les reproches comme des gouttes d'eau, sans jamais s'en imprégner. Il sait aussi que le doute ne doit pas s'installer, que les minuscules coïncidences avec la seconde victime doivent rester l'œuvre du hasard et que son passé de flic ne peut avoir l'importance que ses collègues lui donnent. Mais au fond de lui, il n'arrive pas à faire face, bloc compact, soudé. Il sent un minuscule espace vide, terreau parfait pour que grandisse l'incertitude. Un espace vide microscopique né des paroles de Privat : « Les meurtres sur l'île sont, et c'est tant mieux, extrêmement rares. Le dernier remontait à 2003. Depuis ton arrivée, il y a eu deux meurtres en quatre mois. » Le jeu des « Et si » empoissonne les pensées de Meyer, déforme ses raisonnements. Et si un ancien détenu cherchait à se venger ? Et si un ancien accusé voulait nuire à sa carrière ? Et si... Meyer se frotte le crâne, se lève, ouvre grand la fenêtre de son bureau. Ne pas entrer dans ce petit jeu, ne pas penser en ces termes, ne pas se laisser déstabiliser – privilégier le « Ne pas » plutôt que le « Et si ». « Dit grossièrement et en résumé : Je dois me remuer le cul », se répète Meyer. Il convoque le lieutenant Privat.

– Tu as pu vérifier l'alibi de Petit ?

– Sa présence est confirmée par le gérant de l'hôtel *Le Rochelois*, ainsi que par l'employé en charge du service : Petit est arrivé vers 20h30 et a pris son petit-déjeuner vers 6 heures. L'employé du café *La Corniche* est formel : il a bien servi Frédéric Petit ce soir-là. Il en est certain car l'homme a fait un scandale sur le plat – une salade landaise qui, selon lui, était mal assaisonnée. Il l'a fait renvoyer en cuisine à deux reprises.

– Et vous avez vérifié les alibis de Fabre et Carron ?

– Ils ont tous les deux des alibis en béton : pilier de bar et séjour à Saragosse. Rien à signaler, *the end.* Concernant Patrick Trenet, son voisin a confirmé l'avoir vu vers 23 heures ce soir-là. Ses parents l'ont vu rentrer à la même heure, ils ont ajouté qu'il s'est couché tout de suite.

– De nouveaux inculpés sur Ré depuis septembre ?

– Aucun... Au fait, tu connais la meilleure ?

Meyer se crispe. En ce moment il supporte mal les surprises. Privat éclate de rire.

– J'ai gagné mon pari : Arthur Lafarge, notre adjoint de sécurité, a aussi donné son numéro à Manon Pajot. Il me l'a avoué hier, la queue entre les jambes. Fin septembre, Manon Pajot est passée demander un renseignement au commissariat, il était en poste à l'accueil. En lui donnant le numéro du service concerné, il n'a pu s'empêcher d'ajouter son 06 privé. Il n'était pas fier. Je lui ai parlé de mise à pied disciplinaire. Tu aurais vu son visage : il a imité toutes les couleurs de l'arc-en-ciel. Je lui dis qu'on en reparlerait d'ici quelques jours.

Le commissaire se force à sourire mais en réalité, il ne fait que grimacer.

En fin d'après-midi, Pichon le rappelle. Meyer est impatient de connaître les résultats.

– On a des infos sur l'homme présent sur la vidéo : il s'agit d'Aigre-doux, c'est son pseudo sur les quatre sites de rencontres sur lesquels il a déposé cette vidéo. Aucune autre vidéo postée sur le Net, du moins sous ce pseudo. J'ai prévenu le département cybercriminalité du service technique de recherches judiciaires, ils vont nous aider à retrouver l'identité de l'homme. Pour la fille, je confirme qu'il s'agit bien de Manon Pajot – elle avait à cette époque de longs cheveux roux. On a trouvé un fichier Excel, contenant uniquement des chiffres et des dates. Cela pourrait correspondre à des sommes d'argent versées régulièrement, à peu près 600 euros, tous les deux mois. Il faudra les recouper avec les données de son compte bancaire.

– Et votre sentiment personnel ?

– Tout indique qu'il s'agissait d'un chantage : il devait sûrement la menacer de publier la vidéo sur un réseau social ou de l'envoyer à un proche. Si le tableau Excel est bien celui des sommes versées, il aurait détourné près de 2 000 euros... Ce type de chantage est malheureusement de plus en plus fréquent.

– Sur les sites de rencontres où la vidéo a été publiée, est-ce que l'homme avait mis des commentaires ?

– Rien, aucune insulte comme cela arrive parfois, aucun

commentaire ni renseignement relatif à l'identité de la fille. Seule la vidéo est compromettante. Au fait, avez-vous retrouvé le téléphone portable près du corps ?

– Non, elle était entièrement nue, aucun effet personnel. Connaissez-vous des cas où l'harceleur menace de mort sa victime et finit par la tuer ?

– Personnellement, je n'ai jamais vu ça. La loi a bougé ces dernières années, il est plus facile de porter plainte. Et puis, en règle générale, l'harceleur cherche une revanche ou de l'argent, mais de là à tuer sa victime, c'est autre chose...

– Vous pensez découvrir l'identité de l'homme d'ici combien de temps ?

– À priori entre 24 et 72 heures.

– Concernant les autres données de l'ordinateur, des choses intéressantes ?

– Non, rien de particulier, aucun autre fichier caché ou codé. Apparemment, elle ne passait pas des heures sur sa bécane.

Le communiqué de presse paru le soir même à la demande du procureur contente toutes les parties, du procureur au commissaire, en passant par les journalistes : il rassure la population de l'île en termes convaincants, rétablit la vérité concernant le rôle exact de la police, et rappelle le contexte dans lequel ont été tenus les propos – sans mettre à mal les reporters. Un modèle de diplomatie.

Page 73

Ma bien-aimée, ma seconde, ma suivante, ma toute belle je t'ai bercée. Il m'a demandé de te choisir et je l'ai fait avec passion. Belle parmi les laides, innocente parmi les condamnées. Sur la plage rousse, tu t'es inclinée, tu n'as pas résisté, mes doigts sur ton cou, serrant ma victoire comme un trophée. Alors je lui ai offert ton corps démembré comme un autre passe-temps, une énième preuve de mon repentir... et de ma lâcheté. Mes oreilles sont crevées, je n'entends plus tes cris ni sa voix suppliante. Je suis son instrument, le prolongement de sa voix dans ta gorge qui se serre et qui craque. Il m'a applaudi. De sa voix chaude et puissante, il a chanté quelques airs de jazz rien que pour moi, directement à l'intérieur. Et toi, l'entends-tu ? Te parle-t-il ? Que dit-il de moi ? Il en reste une, dit-il, cœur en croix bouche ouverte. C'est Brel qui me l'a dit, lui n'a pas nié. Je t'ai appelée pour partager cette musique, mais tu étais déjà étendue, glacée, lointaine, sur la plage rousse. Et après ? Y a-t-il une clef ?

12 décembre

Le préfet, à 6h09, d'une voix forte qui transperce les tympans de Meyer, lui apprend que le président de la République hésite entre l'île de Ré et Biarritz pour un déplacement privé de deux jours fin décembre. Bien entendu, le préfet a promis à l'Élysée une mise sous les verrous du ou des meurtriers sous quelques jours – voire quelques heures. Meyer s'étouffe. Le préfet persiste :

– Vous voulez des renforts pour ratisser l'île et débusquer le tueur ? Un hélicoptère ? Des patrouilles en mer ? Un profileur américain ?

– On dirait une liste pour Noël – non merci, je n'ai rien commandé. Manon Pajot a été menacée et son harceleur sera, je l'espère, arrêté dans la journée. Ce qui ne veut pas dire que ça soit lui le coupable.

– Tenez-moi au courant. Avant les autres. Pas un mot aux journalistes.

Le préfet raccroche. Meyer se rallonge dans son lit. Il est gelé, énervé et tente de visualiser une toile cirée parfaitement lisse et imperméable, avec difficulté. Il cherche une radio audible sur son réveille-matin, capte la météo marine du jour : « Journée perturbée avec une atmosphère devenant fortement instable. Vent de sud-sud-ouest tournant sud-ouest vers 12 heures puis ouest vers 21 heures. Force 4 forcissant 7 le matin. Rafales atteignant 20 nœuds avant 6 heures. Mer belle à peu agitée temporairement peu agitée en milieu de journée. » Incapable de se rendormir, il liste mentalement ce qui lui reste à préparer avant l'arrivée de sa fille : un cadeau pas trop moche et un peu utile, quelques bûches pour la cheminée, des décorations, un sapin – non, Meyer raye le sapin : il ne supporte pas l'idée de couper un arbre pour trois ou quatre jours... À vrai dire, tout cela le déprime.

Un pique-nique au banc du Bûcheron, quelques huîtres, un bon vin blanc sec et la mer pour horizon : voilà un repas de fête plus à son goût. Liesel appréciera sans doute – sauf s'il pleut des cordes, s'il fait 5 degrés, avec un vent force 6 forcissant 7 et des rafales atteignant 20 nœuds… Meyer soupire. Sa femme saurait quoi faire, elle.

Pichon le contacte en milieu de matinée, alors qu'il est en pleine réunion. Meyer sort, suspendu à son portable, avide d'informations.

– Aigre-doux a tenté ce matin d'effacer les vidéos sur les sites de rencontre. Il a dû prendre peur en voyant la photo de Manon Pajot dans la presse. Du coup, on a pu identifier son adresse IP. On est en train de l'identifier. Vous allez l'interpeller ?

– Avec ce nouvel élément, oui, c'est sûr et certain. J'attends vos résultats et on lance la machine.

– À tout à l'heure.

Meyer prévient immédiatement Privat. Ce sera lui qui ira interroger le suspect le moment venu. Il s'aperçoit que le père de Laetitia Giraud a essayé de le contacter plusieurs fois sans laisser de message. Il va devoir faire le point avec lui, mais les éléments nouveaux sont… rares, voire inexistants. Les pistes ne mènent à rien, aucun témoin, aucun nouvel élément susceptible d'éclairer l'enquête, sinon ce second meurtre qui n'a peut-être rien à voir. Difficile de répondre à un père qui ne vit plus, suspendu à la résolution de ce crime, suspendu à l'identité du meurtrier de sa fille…

En fin de matinée, Meyer n'a toujours pas d'autres nouvelles de Pichon. Il n'a absolument pas faim et sort prendre l'air. Ses pas le conduisent à la librairie, il entre et choisit un livre sur l'art pour Privat. La version anglaise n'existe pas mais Meyer fait tout de même emballer l'ouvrage. Il n'arrive pas à se décider pour sa fille, hésite entre plusieurs bouquins, ne se sent pas bien, sort du magasin. Incapable de rentrer au commissariat, Meyer marche vers le port, vers le large. Il s'assoit un moment sur les quais. L'espace minuscule de doute croît chaque heure un peu plus, malgré ses efforts, comme un niveau d'eau s'élevant inexorablement. Meyer tente de consolider la digue à grand renfort de sacs de sable – et cela l'épuise moralement. Se souvenir des événements volontairement refoulés n'est jamais évident.

Meyer regagne son bureau. Le préfet a laissé plusieurs messages et listé ses priorités : réquisition de policiers d'élite pour assurer la sécurité du président, établissement d'un périmètre de sécurité autour de son lieu de résidence, surveillance de la zone 24h/24, fouille de tous les véhicules à l'entrée de l'île... La liste est longue. Meyer est anéanti par ce gâchis d'énergie, décide de ne pas rappeler le préfet. Il trouve sur son bureau un courrier de Frédéric Petit. L'enveloppe ne contient aucune lettre, seulement la facture de l'hôtel *Le Rochelais*, celle du restaurant *La Corniche*, les tickets de péage du pont ainsi que diverses factures d'achats à la brocante de Rochefort. La peur semble avoir motivé l'envoi de ces documents et cela étonne Meyer – Frédéric Petit était plutôt arrogant et sûr de lui la dernière fois. Pourquoi un tel changement d'attitude ? Il ne peut appeler Privat : le lieutenant Pichon cherche à le joindre. Il décroche immédiatement :

– Lilian Thomas, 27 ans, commercial dans l'industrie agro-alimentaire, habite en région parisienne, à Palaiseau.

– Bravo ! Aucun doute possible ?

– Sûr et certain, vous pouvez le cueillir. Je vous envoie sa fiche et ses coordonnées par mail.

Meyer contacte le service départemental de la police judiciaire de l'Essonne : ce sont eux qui procéderont à l'arrestation et à la garde à vue de Lilian Thomas, *alias* Aigre-doux.

Meyer appelle aussitôt Privat, qui se tient prêt à partir dès que l'arrestation aura eu lieu. Le lieutenant n'a pas l'air surpris par le courrier de Frédéric Petit.

– Il a sans doute peur que les journalistes fassent le rapprochement avec sa condamnation de 2011, alors il préfère prendre les devants. Cela correspond à sa personnalité, non ? Il a l'air en permanence sur ses gardes, très méfiant. En garde à vue, sa seule technique était de ne pas répondre...

– Ou bien de répondre sur des sujets qu'il maîtrisait parfaitement : son métier, le marché des collectionneurs, bref des sujets sans risque.

– Oui, Petit ne se mouille pas...

Meyer est soudain en alerte. Les derniers mots de Privat retiennent son attention.

– Se mouiller... et si le ou les meurtriers étaient arrivés et repartis par la mer ? En se mouillant justement : dans les deux cas, il y a un accès possible par une plage...

– ... Admettons : dans le cas de Laetitia Giraud, cela veut dire que le meurtrier la surveillait depuis son bateau au large, qu'il l'a abordée puis tuée à bord ? La réserve a beau être un marais, elle est inaccessible en bateau. Cela n'explique donc pas comment le corps a été emmené là-bas. Quant à Manon Pajot, on perd sa trace dans le village de La Couarde et on la retrouve morte sur la plage : oui elle a pu y être déposée par un bateau, mais cela ne nous apprend pas grand-chose, non ?

– Cela pourrait sans doute expliquer l'absence de témoins sur la terre ferme ?

– Je ne pense pas. L'absence de témoins est sans doute due à l'heure tardive et à l'isolement des lieux. Il n'y a rien dans la réserve, pratiquement rien au Martray. Deux lieux parfaits pour commettre un crime en toute discrétion.

Meyer réfléchit. Il essaye de visualiser la scène du Martray. Lorsqu'il est arrivé sur place, vers 12h30, la marée était basse – il se souvient encore des parcs à huîtres. Ce qui donne approximativement une pleine mer vers 5h30 du matin. Et l'heure de la mort est estimée à 3h30 – un chiffre qui fait encore frissonner Meyer. On l'aurait tuée sur un bateau, puis déposée sur la plage… Une possibilité parmi d'autres. Le lieutenant change de sujet :

– L'opérateur de Manon Pajot nous a fait suivre la liste de ses dernières communications. Elle n'a passé aucun appel le soir de sa mort. Son dernier texto remonte à 18h08, pour confirmer son rendez-vous avec Patrick Trenet. Un seul numéro revient régulièrement, à des heures plutôt tardives : celui de Lilian Thomas. Voilà qui recoupe les infos de la brigade de renseignements.

Meyer se dépêche de boucler les derniers dossiers urgents puis enfile sa veste. Il lui reste encore un peu de lumière avant le coucher du soleil. Meyer s'engouffre dans sa Ford, direction Saint-Martin-de-Ré. Cela lui fera le plus grand bien, le sortira de ses angoisses. Il traverse le pont comme une frontière, se sent étrangement mieux après l'avoir passé. Il n'a aucune difficulté pour se garer près du port. Il longe les quais puis emprunte la rue piétonne qui monte vers l'église. Celle-ci est décorée de guirlandes lumineuses et de pères Noël joufflus qui horripilent Meyer. Quelques commerces sont ouverts. Meyer achète un livre consacré aux cabanes perchées pour sa fille et s'offre un polar japonais dont l'intrigue tourne autour des trains de la banlieue de Tokyo. Il sort, ses deux paquets sous le bras, aperçoit un caviste ouvert. Il vérifie son portable, sourit en découvrant un selfie de Privat dans le TGV en guise de message. Le caviste lui conseille quelques bouteilles : un vin blanc sec, un pineau réputé. Meyer se laisse tenter par un whisky japonais – qu'il espère en harmonie avec son roman policier. Il demande conseil pour un restaurant, obtient une moue indécise.

– Difficile de trouver en hiver un restaurant sympa, avec de bons vins. En général, c'est l'un ou l'autre, difficilement les deux. Vous serez peut-être inspiré en vous baladant sur le port ? La plupart des restos ouverts en cette saison sont dans ce coin-là.

Transi de froid et les bras chargés de paquets – signe que Noël est vraiment là –, Meyer prend la direction du port et s'engouffre dans le premier restaurant ouvert. Il choisit une table près de la cheminée, seul dans la salle. La décoration est sans surprise, des objets marins plus ou moins anciens habillent les murs. Il commande une anguille poêlée avec des pommes de terre de l'île et, à sa grande surprise, se régale. Le patron lui confirme que l'anguille a été péchée le matin même au large de Ré.

– Vous avez prévu un menu spécial pour le jour de Noël ?

– Plateau de fruit de mer, poissons – je ne cuisine ni dinde ni viande. Pour le dessert, je ne sais pas encore.

Meyer remercie le patron, demande l'addition tandis que son portable s'agite sur la table. C'est Sacha Garnier.

– On a passé la vie de Manon Pajot au peigne fin avec Besson. Elle a fait ses études avec Séréna Roux. Tu sais qui est Séréna Roux ?

– Non...

– La fille qui a porté plainte pour agressions sexuelles en 2014 contre Jo Sanchez.

Meyer fronce les sourcils. Jo Sanchez... Manon Pajot a été tuée après son suicide. *So what ?* comme dirait Privat. Sacha Garnier continue :

– Les deux filles ont gardé le contact via les réseaux sociaux, Manon Pajot était au courant du procès, on en est sûrs. Après, on ignore si elle était au courant de la présence de Sanchez sur l'île. Ou bien inversement, si Sanchez connaissait Manon Pajot et ses relations avec Séréna Roux...

– Et Sanchez se serait suicidé pour ça ? Ou il aurait prémédité le meurtre de Pajot via un commanditaire ? On s'éloigne là, on s'éloigne bigrement...

– Encore une coïncidence ? C'est drôle parce qu'au départ, dans cette affaire, on n'avait rien de particulier sur Manon Pajot, et maintenant, plus on creuse, plus les coïncidences se multiplient...

Le commissaire questionne :

– D'autres liens du même genre ?

– On cherche. De toute façon, je vous tiens au courant.

Meyer regagne sa voiture, le vent souffle fort et il reçoit quelques gouttes de pluie. Pas un chat dans les rues de Saint-Martin-de-Ré, aucune voiture sur la route... Meyer n'en finit pas de cogiter. Pendant ce temps-là, sur France-Bleu La Rochelle, Charles Aznavour chante *Trousse-Chemise* : « *Et j'ai renversé le vin de nos verres / Ta robe légère et tes 17 ans... Quand on est rentrés de Trousse-Chemise / La mer était grise, tu ne l'étais plus... Quand on est rentrés la vie t'a reprise / T'as fait ta valise t'es jamais r'venue...* ».

– Il est terrorisé. Il a commencé par se taire mais au bout de quelques heures, il a confirmé nos soupçons : il réclamait régulièrement de l'argent à Manon Pajot, des sommes entre 500 et 800 euros. Il la faisait chanter en la menaçant de diffuser la vidéo. Il jure que c'est la seule et unique vidéo de ce genre, qu'il n'est pas un salaud, qu'il n'a pas fait ça avec d'autres filles. Le soir du meurtre de Manon Pajot, il était en déplacement professionnel à Nancy. Ses collègues ont confirmé. Reste l'hypothèse d'un complice. Mais il n'a aucun intérêt à tuer Manon Pajot, c'est elle qui lui donne chaque mois plusieurs centaines d'euros. Il nous l'a dit lui-même : on ne tue pas la poule aux « yeux » d'or... J'ai beaucoup aimé l'expression !

Le policier au bout du fil, un collègue du lieutenant Pichon, éclate de rire, un rire franc et chaleureux. Il interroge Meyer :

– Vous allez lancer une perquisition au domicile de Lilian Thomas ?

– Oui, pour vérifier son disque dur, éplucher ses comptes, surveiller ses relations : il faut vérifier s'il existe d'autres victimes.

– Vous avez d'autres pistes pour cet homicide ?

– Je ne vous cache pas que celle-ci était une des pistes les plus intéressantes... Ce qui est troublant dans cette affaire, c'est évidemment le lien entre les deux meurtres, entre celui du Martray et celui de la réserve naturelle.

– J'ai entendu dire par les médias que les rayons de teinture pour cheveux des magasins de l'île étaient pris d'assaut : toutes les rousses et les blondes de l'île se font teindre en noir corbeau...

– Cette exagération, c'est vraiment typique des médias ! C'était un journal du sud ?

Saison, hiver

Les jours suivants, la perquisition chez Lilian Thomas et l'analyse des données informatiques de son disque dur confirmeront la menace exercée par Aigre-doux sur Manon Pajot et le montant précis des sommes extorquées - une belle courbe croissante. Elles confirmeront également que Manon Pajot était bien la seule victime de ce chantage. Le moral de Meyer évolue à l'inverse de la courbe des sommes extorquées : en pleine dégringolade. Un suspect disculpé est toujours synonyme de retour à la case départ. Le lieutenant Privat n'est d'aucun secours. Depuis son retour de Paris, il est muet, apathique. Meyer se demande si cela est dû à son séjour là-bas mais Privat élude la question à sa manière : « Je hais les fêtes de fin d'année. » Les recherches organisées au Martray n'ont rien donné : Ulysse, le chien policier, a une nouvelle fois tourné en rond. Le préfet répète comme une rengaine : « Comment accueillir le président de la République ? » et tape sur les nerfs du commissaire. Le 18 décembre, Meyer apprend avec soulagement que le président a finalement choisi Deauville pour son escapade, ce que le préfet interprète comme un échec retentissant. Heureusement pour les deux policiers, les préparatifs des fêtes de fin d'année mobilisent les esprits et détournent les journalistes de l'enquête. Maigre consolation.

Meyer n'a plus saisi de bruit de couloir à son sujet - cela ne veut pas dire que rien ne circule. Il cache ses angoisses derrière une façade aimable, se force à passer du temps parmi les policiers, rit un peu trop fort, parle un peu trop longtemps, surjoue - survit. Son cœur lui fait faux bond et s'emballe à la moindre occasion, cheval capricieux. Liesel, inquiète de la pression liée aux deux homicides, appelle son père tous les deux jours, ce qui part d'un bon sentiment mais finit par énerver rapidement l'intéressé. Sous le crâne de Meyer se joue une véritable bataille. « Les meurtres sur l'île sont, et c'est tant mieux, extrêmement rares. Le dernier remontait à 2003. Depuis ton arrivée, il y a eu deux meurtres en quatre mois. » Et s'*il* avait décidé de réparer les choses à sa manière ? Meyer ferme les yeux, secoue la tête.

En janvier, la situation n'a pas évolué. L'angoisse de Meyer, elle, ne cesse de grandir. Le lieutenant Privat est sorti de son mutisme après les fêtes. La seule fois où il a souri durant cette période a été lorsque Meyer lui a offert le livre sur la peinture qu'il avait choisi à son intention – et Privat d'ajouter : « Je crois que j'aurais préféré un livre sur les nœuds marins. » Les quatre jours de vacances de Liesel se sont résumés à d'incessants allers et retours entre l'île et La Rochelle, entre balades à vélo et sortie en voilier – une expérience traumatisante pour Meyer, malade durant toute la traversée (l'idée de prendre des cours de voile a été définitivement abandonnée). Le déjeuner du 25 décembre, huîtres et vin blanc au banc du Bûcheron, a été différent des autres repas de Noël – différent et joyeux. Liesel, grâce à un ami architecte, a emmené Meyer découvrir la maison de Pierre Loti à Rochefort, fermée au public pour rénovation – une visite dépaysante, magique, bien loin du quotidien de Meyer. Mais janvier traîne, s'étire, s'éternise. Meyer s'agite en vain. L'eau monte inexorablement. À qui demander de l'aide ? À qui faire confiance ? Le ton agressif de Privat lors de la réunion du 10 décembre le fait hésiter. Pourtant il va bien falloir vérifier où *il* est, ce qu'*il* fait. Le commissaire n'a pas accès aux bases de données, si étrange que cela puisse paraître, car il délègue toujours cette partie recherche et investigation. Meyer se demande s'*il* peut à nouveau marcher normalement, sans boiter, si *son* genou le fait souffrir par temps humide. De l'usage de l'arme à feu et de la légitime défense… Meyer se noie dans ses souvenirs, dans ses doutes : « Les meurtres sur l'île sont, et c'est tant mieux, extrêmement rares. Le dernier remontait à 2003. Depuis ton arrivée, il y a eu deux meurtres en quatre mois. »

Le 22 janvier, alors que Meyer, au téléphone, fait le point avec son supérieur, Patrick Trenet, à l'accueil du commissariat, demande à être reçu par le commissaire. C'est Arthur Lafargue qui transmet la requête à Meyer, avec nervosité – depuis septembre, il évite de croiser le commissaire. Ce dernier lui demande d'accompagner Patrick jusqu'à son bureau. Lorsque la porte s'ouvre, c'est une jeune femme, grande, yeux bleus et cheveux châtains rassemblés en chignon, qui entre, suivie de Patrick Trenet. Son allure sportive contraste avec son regard, triste et fatigué.

Patrick s'approche du commissaire, lui serre la main et lui présente la jeune femme :

– Voici Beatrice Toussaint, une amie. Elle connaissait aussi Manon Pajot.

Meyer les invite à s'asseoir. Béatrice Toussaint, à peine assisse, parle :

– Je voudrais que vous me protégiez, je suis espionnée et j'ai peur. Je crois que je suis suivie pour devenir la troisième victime, et je n'ose plus rien faire, je n'ose plus sortir. Il faut absolument que vous fassiez quelque chose, sinon je sais que je vais mourir.

Les phrases ont été débitées à toute vitesse, la voix est tremblante et les mains de Beatrice se tordent. Meyer essaie de capter son regard mais la jeune femme fixe le sol, tête baissée. Meyer l'interroge :

– Vous avez reçu des menaces ?

– Non, pas de menaces écrites mais je suis suivie tout le temps.

– Vous avez vu celui ou celle qui vous suit ?

– Non mais un soir je me suis retournée brusquement, je suis revenue sur mes pas et j'ai vu une silhouette s'enfuir... Je suis donc certaine qu'on me suivait. J'ai peur, il faut me protéger, vous comprenez ?

Meyer saisit un crayon, s'apprête à noter.

– Vous voulez bien me donner votre nom, votre adresse et votre profession ?

– Je suis Beatrice Toussaint, kiné à Saint-Martin-de-Ré depuis quatre ans. J'habite rue Mérindot.

– Vous connaissiez Manon Pajot, c'est bien ça ?

– Oui, je l'avais rencontrée début septembre au cabinet pour un problème de posture. On s'est bien entendues, on s'est revues pour des cinés et des sorties entre amis. Patrick nous connaît toutes les deux.

– Depuis quand exactement avez-vous l'impression d'être suivie ?

– Ce n'est pas une impression. Ça dure depuis mi-décembre à peu près. Quand je sors de mon cabinet le soir, je suis certaine d'être surveillée.

– Pensez-vous que quelqu'un s'est introduit chez vous ?

– ... Non, je ne pense pas. En tout cas je n'ai rien remarqué... Non, c'est surtout lorsque je suis dehors, je suis persuadée qu'on observe tous mes gestes.

Béatrice, la tête toujours baissée, continue d'une voix tendue.

– Hier soir, c'était le pot de départ d'un copain, il a trouvé un boulot à La Rochelle et part habiter là-bas. Je suis sortie de chez moi vers 20 heures et j'ai couru vers le café, à quelques centaines de mètres. Je suis sûre d'avoir entendu le souffle de la personne qui courait juste derrière moi, j'en suis certaine. J'ai eu tellement peur que je n'ai pas osé me retourner, j'ai juste couru de toutes mes forces, question de vie ou de mort.

Elle éclate en sanglots. Patrick lui pose la main sur le bras. Meyer demande :

– Vous soupçonnez quelqu'un parmi vos patients ?

Béatrice relève la tête, regarde Meyer, étonnée.

– Non, je n'y ai jamais pensé... Par contre les patients me parlent tout le temps des meurtres, c'est l'unique sujet de conversation pendant les séances de kiné – je n'en peux plus. Ils ont tous peurs : les hommes pour leur femme, les parents pour leur fille, les copains pour leur copine... La plupart d'entre eux dorment mal et me racontent leurs cauchemars. J'ai toujours envie de leur répondre que je suis kiné, pas psy, c'est épuisant nerveusement...

– Bon, je vais signaler vos craintes à la gendarmerie de Saint-Martin. Ainsi les gendarmes pourront multiplier les patrouilles et les surveillances près de chez vous et...

– Vous ne comprenez pas, ce n'est pas ça dont j'ai besoin. Il me faut quelqu'un qui me protège en permanence, parce que là, je ne peux plus sortir de chez moi : je risque en permanence d'être tuée. Vous comprenez ? Et puis je suis certaine que l'on surveille mes appels téléphoniques et mes mails. Parfois j'entends un souffle sur la ligne quand je parle à quelqu'un d'autre, une troisième personne qui respire...

– Sur votre mobile ou sur votre fixe ?

– Les deux... Je n'ose plus rien dire, comme je n'ose plus rien faire, ni sortir, ni appeler, ni communiquer. Je reste terrée chez moi pour rester vivante... Vous comprenez ?

La voix de Béatrice monte dans les aigus, se tait. La jeune femme renifle, Meyer lui tend un paquet de mouchoirs en papier. Patrick a l'air complétement dépassé. Meyer se lève et fait le tour du bureau. Il s'approche de Béatrice :

– Je vais alerter immédiatement la gendarmerie. Ils vont vous surveiller. Vous avez bien fait de venir m'en parler, nous allons organiser votre protection. Mais il faut maintenant être très vigilante : vous devez nous communiquer tous les éléments concrets qui nous permettront de mettre un nom sur cette menace. Je vous donnerai le numéro d'un policier à contacter : prévenez-le si vous voyez quelqu'un vous suivre, si vous recevez des menaces écrites, etc. Je vous communiquerai son numéro dans la journée. Et d'ici là, Patrick vous raccompagnera chez vous, s'il est d'accord...

Patrick confirme d'un signe de tête. Béatrice se lève et d'un ton agressif parle à Meyer :

– Il me faut une présence policière 24h/24. Je sais qu'on va me tuer, je le sens.

Meyer, inconsciemment, se recule d'un pas. Il tente de prendre un ton rassurant :

– Je m'occupe immédiatement de votre cas.

Patrick tire Béatrice, qui sanglote dans son mouchoir, vers la sortie. Meyer leur ouvre la porte. En sortant, Béatrice fixe Meyer d'un œil noir en grommelant quelques mots – Meyer ne cherche pas à les comprendre.

Lorsque Meyer relate la scène à Privat, ce dernier sourit :

– Elle psychote un max, non ? Ces clients lui font peur alors elle s'imagine des silhouettes menaçantes, des souffles au téléphone, des regards qui l'épient. Il faut reconnaître que les médias entretiennent savamment la peur, à coup de descriptions macabres et de reportages poignants sur les familles des victimes. Bon, Béatrice est une femme, elle est jeune, c'est vrai, mais elle n'est pas rousse ! Tu lui as dit j'espère ?

Meyer ne répond pas, il est épuisé. Il rétorque :

– Je vais tout de même prévenir la gendarmerie de Saint-Martin-de-Ré, qu'elle renforce les patrouilles près de son domicile et de son lieu de travail. Je vais demander l'autorisation du juge d'instruction pour une mise sous surveillance de sa ligne, on en aura le cœur net.

Le cœur net. L'expression plaît à Meyer. Le sien a des ratés et il n'aime pas ça.

Meyer se tourne et se retourne dans son lit. Il revoit la scène, le coup de feu qu'il regrette immédiatement, le regard de l'homme qui s'effondre – genou en sang –, la voix blanche de son collègue blessé qui demande de l'aide. Meyer allume sa lampe de chevet, mais les images restent collées à sa rétine. *Lui ?* Mais pourquoi maintenant ? Et pourquoi ne pas s'en prendre directement à lui, commissaire Meyer, plutôt qu'à ces deux jeunes filles – dont l'une a été gardée il y a des lustres par sa fille ? Quel sens tout cela peut-il bien avoir ? Ou bien ce n'est pas *lui*, mais un autre ? Un autre condamné ? Un autre accusé ? Meyer se répète : tout cela n'est qu'hypothèses, suppositions et bruits de couloir. Et ces coïncidences ? Le commissaire Meyer a laissé l'eau monter, s'est laissé submerger par le doute. Il nage à contre-courant mais l'eau pénètre insidieusement dans ses poumons. Il se noie intérieurement, palpite, suffoque, s'étrangle.

9 février

Elle est dans l'alignement parfait de la nef et du chœur, à la croisée du transept. Bras en croix, tête tournée vers le chœur, pieds vers l'ouest, elle est entièrement nue, exposée aux vents. À cet endroit précis, les murs de l'abbatiale ont depuis longtemps disparu, emportés par les guerres de religion. Le vent tente de lui arracher sa perruque aux cheveux courts, bouclés et roux, d'un roux tirant sur l'orange, agressif. De la mousse verte sort de sa bouche entrouverte, s'écoule le long de son cou et de sa nuque, mouille le sable qui semble placé comme un drap sous son corps. Des marques violacées et des traces de griffures forment un collier autour de son cou. Sur sa poitrine, une immense croix, tracée à la boue, n'en finit pas de dégouliner. Le froid a bleui son corps, et ses lèvres, ses ongles virent au noir. La mousse luminescente donne à son visage une teinte verte effrayante et surnaturelle, accentuant la profondeur de ses orbites. L'abbaye des Châteliers est plongée dans l'obscurité, mais la lune, dans un jeu agité de nuages, éclaire le corps par intermittence. Les lampes torches d'un groupe de jeunes – que l'on repère aussi à la lueur rouge de leurs cigarettes – balaient les vestiges de l'abbaye. Ils crient, chantent, trinquent aux filles à venir et se soûlent sous les étoiles. Mais lorsque l'un d'eux trébuche sur le corps sans vie de Béatrice Toussaint, c'est la débandade : certains hurlent, d'autres tombent au sol, pâles comme la mort, et quelques-uns détalent à travers champs sans plus attendre. Seul Anthony, récemment formé aux premiers secours dans son lycée, a le réflexe de sortir son portable et d'appeler les secours.

« Bulletin côte, large et grand large sur le proche Atlantique et l'ouest de la Manche matin : Dépression complexe

982 hectopascal entre Islande et Groenland, se comble lentement. Dépression secondaire 996 hPa au nord immédiat des Hébrides, se décale vers le nord-est en se comblant. Nouvelle dépression atlantique prévue 977 hPa à 250 milles au nord-ouest de l'Irlande à 12 heures UTC, puis 970 hPa entre Islande et Hébrides ce soir à 00 heure UTC. Le thalweg associé aborde l'Irlande en matinée, puis traverse la Manche et la mer du Nord la nuit prochaine. Anticyclone 1 028 hPa sur la France, se décale vers l'Europe de l'Est. Dorsale associée s'étendant jusqu'aux Açores, et se renforçant à l'ouest de la Corogne demain matin. »

La musique des mots comble le silence qui s'est installé entre les deux hommes. Ils roulent vers l'abbaye et une nouvelle victime. L'horreur de cette information tranche avec la lumière dorée de ce matin de février. C'est un coup de poignard pour Meyer, qui avait reçu Béatrice Toussaint quelques jours auparavant. « Si je meurs d'ici là, ce sera votre faute. » Il la revoit, au bras de Patrick, l'entend supplier : « Je risque en permanence d'être tuée, vous comprenez ? » Nouveau coup porté à l'estime déjà vacillante du commissaire.

L'abbaye est en plein champ, posée sur un plateau à quelques mètres au-dessus du niveau de la mer, avec, au large, les côtes vendéennes. D'ordinaire tranquille, le lieu est envahi de véhicules et d'uniformes. Meyer et Privat s'approchent de l'abbatiale, y pénètrent par le bas-côté, détruit depuis longtemps. Béatrice est là, bleue sur le sol gelé, la bouche déformée par la mousse verte durcie, la poitrine dénudée couverte de boue. Meyer doit s'éloigner quelques instants pour reprendre son souffle, évacuer l'angoisse qui lui noue la poitrine. Privat lui tape sur l'épaule.

– Ça va ?

– Non, pas du tout. Elle nous avait prévenus... Elle nous avait prévenus !

– Et nous l'avons mise sous protection, rappelle-toi.

– Cela n'a pas suffi !

Privat balaie d'un geste la culpabilité de Meyer. Le lieutenant est concentré sur l'enquête, sans état d'âme :

– Nous l'avons protégée comme elle le demandait. Maintenant nous allons devoir démêler le vrai du faux. Évidemment, ce qui frappe en premier, ce sont les similitudes avec les autres meurtres : même scénario, même mise en scène, même type de victime. Et même question : quel mobile ?

– Tu as donc définitivement tranché la question du meurtre indépendant ?

– Non, et il y a aussi la possibilité du meurtre isolé au sein de la série. Ici, par exemple, la victime n'est pas rousse... Profiter des deux crimes précédents pour en masquer un troisième implique une préparation et un timing parfaits. Tu as remarqué qu'on est le 9 février ? Après le 9 septembre, le 9 décembre, le 9 février. Belle suite mathématique.

Un gendarme s'approche, désigne du menton la victime allongée dans l'abbaye en ruines.

– Apparemment, elle a été étranglée. Les prélèvements ont déjà été effectués.

Le commissaire se rapproche et examine le corps. D'une voix résignée, il demande :

– Et comme d'habitude, aucun indice laissé par le meurtrier, aucun objet suspect, aucune trace, c'est bien ça ?

Le gendarme hoche la tête.

– D'après les premiers examens, oui, c'est ça...

Meyer essaye de se concentrer, d'éloigner ses angoisses. Il poursuit ses questions :

– Qui a découvert le corps ?

– Une bande d'adolescents, tous habitent La Flotte, le village le plus proche, à 3 kilomètres. Ils sortaient d'une soirée chez l'un d'entre eux, et sont arrivés ici vers 3 heures du matin. Ils n'ont rien remarqué d'anormal en arrivant, personne sur les lieux. Ils sont restés un long moment à l'emplacement de l'ancien cloître, à côté de l'abbatiale. C'est seulement vers 3h20 que l'un des jeunes, en courant dans l'abbatiale, a vu le corps et a appelé les secours.

– Le corps a sans doute été déposé avant 3 heures, il faudra recouper avec le légiste.

Le gendarme s'éloigne. Le portable de Meyer vibre. Lorsqu'il regarde le nom du correspondant, le commissaire se crispe. Il décroche et s'éloigne rapidement. Il s'agit du contrôleur général.

– Vous avez déjà rencontré les membres du DSC ? Vous connaissez sans doute le département des sciences du comportement, basé à Rosny-sous-Bois, en région parisienne. Ils sont trois : deux analystes et un référent de la police judiciaire, une femme compétente et hautement qualifiée, le capitaine Ceny. C'est avec elle que vous allez travailler. Je compte sur vous pour lui faciliter le boulot : vous êtes sous ses ordres.

Meyer, téléphone collé à l'oreille, regarde autour de lui. En écho aux paroles du contrôleur général, il aperçoit en effet une femme en uniforme qui, à quelques mètres des ruines, prend des notes. Le contrôleur continue :

– De leur réussite dépend votre aptitude à coopérer, je compte sur vous, commissaire.

Meyer raccroche, retrouve Privat qui observe attentivement les alentours de l'abbatiale. Meyer l'interroge :

– Tu connais le DSC ?

– Oui, à travers quelques articles, sans plus.

– Ils vont bosser avec nous sur l'enquête. Ils sont trois. Je vais les voir, tu viens ?

Le commissaire et le lieutenant se dirigent vers la femme, en pleine rédaction, mais celle-ci lève la tête et lui fait signe de ne plus avancer. Elle explique :

– Capitaine Ceny, je suis à vous dans cinq minutes. J'ai

encore quelques vérifications à faire. Merci de ne pas parler à mes deux collègues, je vous expliquerai tout à l'heure.

Meyer est frappé par son regard clair, son assurance. Il ne peut s'empêcher de vérifier la couleur de ses cheveux – un réflexe révélateur de l'état intérieur du commissaire, un réflexe qui le ronge comme un acide et le culpabilise. Le capitaine a les cheveux bruns, une simple coupe courte qui souligne l'ovale de son visage. Elle reprend immédiatement ses notes et semble déjà avoir oublié la présence des deux hommes.

Dans l'heure suivante, ses deux collèges analystes vont tout inspecter : le corps, son état, sa position, le lieu de l'homicide, les environs, les chemins d'accès, les vis-à-vis, etc. Ils notent tout, silencieux, ne communiquent jamais – ni entre eux ni avec les autres personnes présentes sur les lieux. Privat, qui a travaillé avec un profileur sur un meurtre d'une violence extrême à Chicago, explique à Meyer :

– Ce profileur américain était psychologue de formation et s'était spécialisé dans les affaires pénales. Il était régulièrement amené à traquer les suspects et...

Le capitaine Ceny s'approche, dossier et stylo à la main, en complétant à l'intention des deux policiers :

– Chose impensable en France ! Ici, le profilage est un outil supplémentaire au même titre que la police technique et scientifique ou la recherche d'empreintes. Nous n'intervenons que sur les crimes sans mobile apparent, souvent les affaires les plus complexes... Soyons clair : nous sommes là pour définir le profil de l'auteur du crime et non pour identifier un suspect. Personnellement, je suis chargée de récupérer tous les éléments du dossier : photos, procès-verbaux d'audition, etc. Dans le cas ici présent, je vais devoir remonter jusqu'en septembre dernier et travailler en parallèle sur les deux autres meurtres – qu'ils soient liés ou non. J'imagine que tous les dossiers sont à La Rochelle ?

Meyer joue les bons élèves, impressionné par son énergie.

– Tous à votre disposition.

Le capitaine continue :

– Aujourd'hui, mes collègues vont tenter de reconstituer la scène du crime et le déroulement du passage à l'acte. Ils vont répertorier tout un ensemble d'éléments, puis les analyser un par un. Mis en commun, ces éléments aideront à construire le profil de l'auteur. Une scène de crime révèle un comportement criminel, donc la personnalité de l'auteur. Ici, visiblement, les signaux d'alerte comportementaux sont nombreux, ils justifient pleinement notre intervention. Je passerai prendre les dossiers à La Rochelle dès que mes collègues auront fini et nous rentrerons immédiatement à Rosny-sous-Bois. D'après les données et observations qu'ils auront récoltées, on étudiera les trois phases du crime : pré-criminelle, passage à l'acte et post-criminelle. Ils répondront à plus de 160 questions telles que : l'auteur est-il venu à pied, avait-il une arme, etc. Cela nous permettra d'avoir une vue complète et objective de l'affaire. Ce protocole scientifique, mis au point avec la police canadienne, est très rigoureux. Je suis aussi chargée de purger du dossier toutes les hypothèses que vous avez émises jusque-là, afin de ne pas influencer mes collègues dans leur travail d'enquête. Une fois le profil établi, nous pourrons le confronter au parcours des suspects : cela nous permettra de fixer un ordre de priorité dans les investigations à mener. Nous pourrons, si besoin, vous aider lors des gardes à vue, notamment si le suspect présente un profil complexe.

Meyer admire la clarté des explications, la complémentarité des approches, la modestie du capitaine. Celle-ci poursuit :

– Je vais avoir besoin de tous les rapports d'experts – médecin légiste, police judiciaire, brigade d'investigation judicaire, etc. –, de toutes les photos, de l'ensemble des PV d'auditions, de tous documents que vous considérerez comme importants. C'est possible ?

– Je vous accompagne au commissariat dès que vous le souhaitez. Je vais appeler immédiatement pour que l'on commence à réunir les pièces du dossier.

Le capitaine remercie Meyer puis retourne voir ses collègues. Le commissaire fait quelques pas en direction de la mer.

– La mer, encore et toujours... Coïncidence ou élément essentiel ?

Privat sourit :

– Dans une île, il y a forcément la mer autour, non ? Sur Ré, le point le plus reculé de la mer est à 3 kilomètres seulement du rivage, et cela seulement sur la partie orientale : à l'ouest, la langue de terre est encore plus mince.

Le commissaire observe les alentours, se masse le bras gauche en parlant.

– Là aussi, aucune habitation à moins de 500 mètres. Un lieu isolé comme les deux précédents. Peu de risques d'être surpris en pleine nuit.

– La seule différence notable qui me saute aux yeux ici est la perruque. La victime n'est pas rousse, et l'auteur – comme le nomme le capitaine Ceny – a utilisé un subterfuge pour remédier à la couleur naturelle des cheveux de la victime. Entre nous, les yeux bleus rendent crédible cette couleur de cheveux, non ? Plusieurs hypothèses : l'auteur a choisi cette victime depuis longtemps et donc prévu cette perruque pour elle. Ou bien l'auteur n'est pas celui des deux précédents meurtres : sa victime a été choisie à l'avance et la perruque lui a permis de tracer un lien explicite vers les deux autres meurtres. Ou bien la perruque avait été prévue pour les trois meurtres, mais n'a servi qu'une seule fois : une sorte de loterie du hasard...

– Ou bien le tueur a été pris de court par la date – le 9 février – et s'est adapté avec cet accessoire pour respecter le planning, ce dernier étant primordial à ses yeux ?

– Que peut-on en déduire : que le tueur obéit à quelqu'un ou à un mobile différent ? Qu'il a été forcé à tuer dans l'urgence ?

Meyer ressent une violente douleur dans la poitrine. Il cherche un appui de la main, s'agrippe à Privat, qui l'aide à s'asseoir sur un mur en ruines couvert de mousse.

– Ça va ?

Meyer est incapable de répondre, sa poitrine est prise en étau par une douleur aiguë. Il a du mal à respirer et cherche maladroitement son cœur. Il transpire, tremble et lutte pour trouver un peu d'air. Privat crie pour demander de l'aide. Les gendarmes accourent. Privat leur demande d'appeler le 15 et tente de rassurer le commissaire :

– Le médecin urgentiste arrive, surtout ne bouge pas, respire doucement. Je crois que tu vas même pouvoir t'offrir un survol de l'île en hélico, le fameux *Dragon 17* de la base de La Rochelle ! Sacré veinard, je n'ai jamais eu ce privilège...

Meyer est pâle, il ne bouge pas, économise son souffle, les yeux perdus dans le vague. Un gendarme leur apporte une couverture de survie et Privat la pose sur les épaules du commissaire. Les minutes passent. Privat rassure Meyer, livide, immobile. Pendant ce temps-là, l'équipe du DSC continue son travail. Enfin, une sirène se fait entendre, le véhicule s'engage sur le chemin de terre et se gare non loin de l'abbaye. Un médecin court vers le commissaire, valise de secours à la main. Il s'agenouille près de lui et le lieutenant lui résume la situation. Le médecin et l'infirmier pratiquent immédiatement un électrocardiogramme, qui ne révèle pas d'infarctus mais une anomalie nécessitant des examens complémentaires. Le médecin rassure Meyer et lui explique qu'il va être emmené à l'hôpital de La Rochelle.

L'infirmier l'installe avec précaution dans le véhicule qui part immédiatement, sirène allumée, vers La Rochelle. Le capitaine Ceny s'approche du lieutenant Privat :

– Comment va le commissaire ? De notre côté, nous avons fini avec la partie terrain : serez-vous en mesure de me donner les documents ?

Privat la rassure sur ces deux points. Au même moment, le corps de Béatrice Toussaint, dans une housse mortuaire blanche, est emmené à La Rochelle. Le légiste a été prévenu – cette fois-ci, il n'a fait aucun commentaire sur la répétition des événements. Une demi-heure plus tard, Privat remet le double de tous les dossiers relatifs aux trois homicides à l'équipe du département des sciences du comportement, laquelle, silencieuse, regagne Rosny-sous-Bois pour répondre aux 160 questions des tableurs et définir le profil de l'auteur.

Le lieutenant Privat doit maintenant assurer l'intérim au commissariat. Il établit rapidement des priorités concernant le meurtre de Béatrice Toussaint : reconstituer l'emploi du temps de la victime la veille de sa mort, cerner son profil psychologique, établir la liste des proches à interroger, vérifier les alibis de Petit, Trenet et Carron, recouper les cercles de connaissances des trois victimes... La liste s'allonge au fil des heures. Le lieutenant appelle la gendarmerie de Saint-Martin-de-Ré. Il demande à ce qu'on lui envoie le plus rapidement possible un rapport précis de la surveillance de Béatrice Toussaint. On lui passe alors le major Guyot, qui accepte de lui lire le rapport.

– Hier soir, Béatrice Toussaint a quitté son cabinet à 19h34 et a immédiatement regagné son domicile, situé à quelques rues de là. D'après la surveillance effectuée par mes hommes, les fenêtres du studio de Béatrice Toussaint sont restées allumées jusqu'à 11h30. Elle ne nous a pas contactés pour un problème particulier ce soir-là.

Le lieutenant tente de joindre Meyer, sans succès. Il appelle le service de cardiologie du groupe hospitalier de La Rochelle. Le commissaire passe une batterie d'examens et devrait regagner sa chambre en fin d'après-midi, sauf autorisation des médecins à quitter l'hôpital. Privat organise dans la foulée une réunion pour les policiers en service à ce moment-là : Besson, Delage, Garnier et Sicard sont présents. Il leur relate les faits, leur explique les méthodes de travail du DSC puis leur fait part du malaise cardiaque de Meyer. Les policiers se répartissent les tâches – et Privat, horrifié, se rend compte que tout cela est devenu une sorte de routine : pour la troisième fois, les hommes vont enquêter sur le même type de meurtre, sur le même type de victime, peut-être sur le même meurtrier.

– *Des habitudes, tant qu'il vous plaira, mais non une habitude !*[3] martèle Privat, soucieux de la réussite de ses hommes.

En fin de soirée, le lieutenant reçoit enfin un appel de Meyer. Celui-ci a une voix fatiguée mais les nouvelles sont bonnes. Il a reçu un traitement adapté à ses problèmes d'arythmie cardiaque et doit rester une nuit en observation. Les médecins lui ont prescrit du repos, beaucoup de repos. Meyer rigole mais s'arrête, vite essoufflé :

– Du repos, du repos... Tu crois vraiment que je peux me reposer alors qu'un nouveau meurtre vient d'être commis ? Alors qu'une femme, venue demander notre protection, est retrouvée nue, étranglée, la bouche remplie d'une mousse verte immonde ?

Le lieutenant l'interrompt :

– Il faut que tu te concentres sur ton tableau de... de ton peintre chinois. Si tu continues à te torturer ainsi morale-

[3] JW von Goethe.

ment tu finiras par avoir une crise cardiaque, une vraie. Tes symptômes ce matin… est-ce que le médecin t'a parlé de stress comme facteur déclencheur de ce genre d'anomalies cardiaques ?

Meyer ne répond pas. Privat poursuit :

– Relaxation, voilà ta priorité. Je ne te parle pas boulot, tu es en repos. Bonne nuit, tâche de te reposer.

– Il est 19 heures, le dîner a déjà été servi, les lumières du couloir sont éteintes et il faut dormir. J'adore les hôpitaux.

Finalement, ce ne sera pas le lieutenant Privat qui aura la lourde et difficile tâche de prévenir les proches de Béatrice Toussaint. Un policier s'en est chargé dans l'après-midi. Privat est honteusement soulagé – il n'a réalisé cet exercice que deux fois dans sa carrière et n'en garde pas un souvenir glorieux.

Page 123

Une nouvelle fois, je t'ai obéi. J'ai laissé ta voix prendre le dessus, je me suis tapi hors de ma conscience, dans cette zone noire qui me terrifie. Tu guettes en permanence mes défaillances, mes points faibles. Tu me piques, tu me cloues, je suis une peau tendue sur le tambour de ta volonté. Je te l'ai offerte, nue, suppliante, langue noire et bulles vertes – odeur suffocante, cris déchirants. Et tu ne m'as pas aidé. Je l'ai vue se débattre, je t'ai supplié de la sauver. Mais tu ne m'as pas écouté. Cela finira-t-il un jour ? Où ce jeu de soumission nous mènera-t-il ? Je ne veux plus être ta proie, je ne veux plus être le prolongement de tes désirs. Mais la fin des paroles approche. Je compte les heures et les femmes, les jours et les cages. Parfois je perds la conscience et tu me hurles à l'intérieur. Tu me mords pour réveiller la meute qui s'agite au-dedans et nos corps se mélangent dans la course au pardon. Tu me consoles et je t'offre mon mal. C'est à nouveau la cage, l'attente. Les paroles dictent le futur. J'attends, impuissant.

10 février

La lumière blanche de la liseuse éclaire le visage du lieutenant Privat une bonne partie de la nuit. Il se replonge avec intérêt dans ses rapports américains, datant de son séjour à Chicago : profilage criminel des tueurs en série, analyse comportementale, anthropologie criminelle, histoire de la criminologie... Privat est très intrigué par les méthodes de travail du DSC, méthodes qu'il ne connaît pas encore. Le capitaine Ceny, avec ses explications claires et synthétiques sur le fonctionnement de ce département, a impressionné Privat. Cette méthode l'intéresse au plus haut point, parce qu'elle combine approche psychologique et rigueur scientifique. Il se promet de chercher des renseignements sur les formations universitaires ou les cours liés à ces sujets – sa licence de psychologie lui paraît bien loin ! Privat attend avec beaucoup d'impatience les premiers résultats, les premières hypothèses sur le profil du meurtrier, et cette excitation le maintient éveillé une bonne partie de la nuit. Seule la batterie vide de sa liseuse l'oblige à trouver quelques heures de sommeil. Lorsque son portable sonne, plusieurs sonneries sont nécessaires pour le réveiller. Meyer ne dort pas :

– Je ne te dérange pas ?

– Comment vas-tu ?

– Je n'ai pas dormi et je n'ai qu'une envie : sortir. J'attends l'autorisation du médecin. Ça devrait se faire dans l'après-midi. Je passerai au commissariat tout à l'heure.

Privat se redresse avec difficulté dans son lit. Le froid le saisit, il remonte les draps sur ses épaules.

– Tu viens d'éviter de justesse une crise cardiaque hier et tu veux revenir au boulot après une nuit blanche à l'hôpital ? Tu as vraiment envie de mourir jeune ?

– C'est exactement ça : « Et puis au pire, on meurt ! »
– Tu as prévenu ta fille ?
– Non, et je compte sur toi pour ne rien dire.
– Je ne dirai rien, mais je n'en pense pas moins...
– Des nouvelles du DSC ?
– Non, pas encore.
– À tout à l'heure.

À son arrivée au commissariat, le lieutenant est accueilli par Sacha Garnier, en pleine réflexion devant le distributeur de boissons. Il sursaute lorsque Privat le salue.

– Comment va Meyer ?

– Mieux. Il sort ce matin, passe ensuite au commissariat.

– Enfin une bonne nouvelle !

Garnier évite de croiser le regard du lieutenant. Il hésite avant de poursuivre.

– Je peux te demander pourquoi Meyer a demandé une mutation après toute sa carrière en Alsace ?

– Il vaut mieux s'adresser à Dieu qu'à ses saints, alors pose-lui la question directement. Je déteste les ragots.

Garnier se tait, contrarié. Les deux hommes montent en silence dans le bureau du lieutenant. Garnier, pour s'asseoir, soulève une pile, la dépose sur une autre, ce qui fait hurler Privat. Garnier la lui tend et Privat la pose sur une troisième pile. Sacha hausse les épaules et s'assoit.

– Béatrice Toussaint, 29 ans, kinésithérapeute depuis quatre ans, domiciliée rue Mérindot à Saint-Martin-de-Ré. Travaille depuis quatre ans en libéral dans un cabinet médical cours Vauban. Célibataire, pas de relation connue. Son cabinet marche bien, elle a bonne réputation en tant que kiné. Loisirs connus : surf et voile. Membre de plusieurs associations de défense de l'environnement. Elle connaissait la deuxième victime, Manon Pajot, depuis septembre – Pajot a été sa patiente.

– Sait-on si Manon Pajot avait, elle aussi, des liens avec des associations de protection de la nature ?

– Pas à ma connaissance, je vais me renseigner.

– Essaie de voir avec Rémi Besson s'il existe un lien entre Béatrice Toussaint et son enquête concernant le trafic de pommes de pin via une de ces associations de protection de la nature. *Idem* pour Laetitia Giraud.

– C'est noté. Sinon, la veille de sa mort, Béatrice Toussaint a quitté son cabinet vers 19h30. J'ai interrogé la secrétaire du cabinet médical, qui a travaillé jusqu'à 18 heures ce jour-là. Elle ne se souvient pas d'un événement particulier ou d'un problème quelconque avec un patient. L'agenda de Béatrice Toussaint était bien rempli, comme souvent. Après 18 heures, il lui restait trois rendez-vous avec des patients déjà suivis depuis longtemps, des patients sans histoire. Un dentiste travaille dans le même cabinet, lui aussi avait des rendez-vous jusqu'à 20 heures. Je dois le joindre ce matin.

– Tu as interrogé la secrétaire sur la personnalité de Toussaint ?

Sacha Garnier consulte ses notes :

– « Efficace, très professionnelle, jamais en retard. Elle gère parfaitement ses rendez-vous, sait s'y prendre avec la patientèle – ses patients l'apprécient. » voilà ses mots. Je l'ai ensuite interrogée sur l'attitude récente de Béatrice Toussaint. Elle a hésité quelques instants puis m'a répondu que Béatrice était très nerveuse ces derniers temps, surtout depuis le meurtre de Manon Pajot. Certains patients le ressentaient et venaient s'en plaindre auprès d'elle. Elle n'avait pas osé aborder le sujet avec Béatrice, espérant que la situation s'arrangerait rapidement...

– Et les proches de Béatrice Toussaint, ils confirment ?

– Les parents sont sous le choc, évidemment. Les dernières nouvelles de Béatrice étaient bonnes d'après eux, mais ils reconnaissent qu'ils la voyaient peu – ils habitent Sainte-Maxime. Le dernier coup de fil remonte au premier janvier et Béatrice avait l'air en forme. Elle ne leur a jamais parlé de ses angoisses ou de ses peurs suite au meurtre de Manon Pajot. Ses parents ignoraient d'ailleurs que les deux femmes se connaissaient. Ils décrivent leur fille comme une femme volontaire, douée, sportive, bien dans sa peau.

– Et ses amis ?

– Je les rencontre ce matin.

Le lieutenant Privat ne quitte pas son bureau de toute la matinée, attendant avec impatience l'appel du capitaine Ceny. Il lui faut patienter jusqu'à midi pour recevoir le coup de fil tant espéré.

– Comment va le commissaire Meyer ?

– Mieux. Il sort aujourd'hui.

– Parfait. Je vous envoie immédiatement par mail le compte rendu avec le profil de l'auteur. Lisez-le et, si vous avez des questions, appelez-moi. Il faut du temps pour s'imprégner du rapport, la personnalité de l'auteur est complexe.

– Je regarde tout de suite.

Privat ouvre la pièce jointe et parcourt le dossier. Tout est minutieusement consigné, répertorié. Les termes psychologiques sont nombreux et Privat se sent dépassé : « syndrome de dissociation : trouble cardinal de la schizophrénie », « schizophrénie paranoïde : en raison de deux personnalités contradictoires, l'auteur est en conflit avec lui-même et se sent persécuté. Le sujet est dangereux car il y a à la fois dissociation et délire compensateur », « hallucinations auditives : expériences perceptuelles en l'absence de stimulation externe », « diffluence de la pensée : perturbation des associations idéiques », « athymhormie : désordre de la motivation »... Privat s'efforce de lire tout le compte rendu mais il manque clairement de connaissances et butte sur les termes techniques, souvent médicaux. Il rappelle le capitaine, qui tente de rendre le contenu plus accessible.

– De façon simplifiée, donc imparfaite, la multitude d'éléments laissés par l'auteur, entre la scène du crime et le déroulement du passage à l'acte, oriente sans hésitation vers un auteur atteint de schizophrénie, victime d'hallucinations auditives et souffrant de dissociation intérieure. Concrètement, l'auteur est en permanence en conflit intérieur entre deux personnalités, en lutte constante, ce qui se traduit par des passages compulsifs qu'il ne contrôle pas. Lors du passage à l'acte, il est à la fois partagé entre la souffrance des victimes – il ne les touche pas – et la force de ses pulsions dictée par des hallucinations auditives. Celles-ci sont fréquentes et dominent ses pensées en permanence. Sa vie est entièrement centrée sur ces voix intérieures, qui lui dictent sa conduite – d'où l'extrême minutie avant et pendant le passage à l'acte. L'étude des deux homicides précédents, Laetitia Giraud et Manon Pajot, fait apparaître de nombreux points communs entre les trois crimes. On peut être certain à 83 % qu'il s'agit bien d'un tueur en série. Mais un objet nous interpelle : la perruque de la dernière victime. Elle révèle une faille dans la façon d'opérer : il n'a pas, ou n'a pas pu, respecter le scénario original et a dû compenser cette défaillance. Cette compensation est alarmante car elle traduit l'agitation croissante de l'auteur et sa perte de perception de la réalité : l'homme est d'autant plus dangereux que le délire compensateur prend le dessus sur la dissociation. Vous comprenez ?

– En partie.... Ce qui nous incite à nous tourner vers quel type de suspect ?

– Je vais vous envoyer une liste détaillée des symptômes dont souffre l'auteur, et les traductions de ces symptômes dans sa vie de tous les jours : propos désorganisés, gestes étranges ou incohérents, difficulté de concentration... Cela peut vous aider à orienter vos recherches.

– Très bien. De notre côté, on vous communique le profil du suspect avant tout contact ou audition, c'est bien ça ?

– On peut fonctionner comme ça, oui.

Le lieutenant remercie le capitaine Ceny, et se replonge, sourcils froncés, dans le dossier. Ce qui l'inquiète, c'est l'instabilité affective et psychologique de l'auteur. Cette évolution de son état peut-elle expliquer le rapprochement des meurtres : trois mois puis deux mois.... Et le prochain ? Privat secoue la tête, refusant de céder à la peur, et se concentre sur les détails psychiatriques. Il tente de recouper le profil avec une personne déjà suspectée : Frédéric Petit, Jacques Carron, Marie Fabre, Aigre-doux... La liste le laisse perplexe, il ne voit pas de lien direct entre ce profil et les noms figurant sur la liste. Il est en pleine réflexion lorsque Meyer l'appelle :

– Tu as déjeuné ? Je viens de sortir de l'hôpital. On se retrouve à *La Solette* ? Et non, je ne ferais pas mieux d'aller me reposer.

– Alors à tout de suite.

Le paulownia devant le restaurant est nu, plus une feuille sur ses branches. Les tables et les chaises de la place ont été stockées à l'abri pendant l'hiver. Le temps gris renforce cette impression d'abandon. Privat entre, aperçoit le commissaire assis près de la fenêtre, devant un Perrier, les traits tirés. Meyer a repris quelques couleurs. Privat s'installe et le commissaire l'interroge sans attendre :

– Tu as eu un retour du DSC ?

– Tu es en repos, pas sur la brèche. On va commencer par reprendre quelques forces.

Les deux hommes commandent le plat du jour et une carafe d'eau plate. À peine Meyer a-t-il avalé une bouchée qu'il renouvelle sa question. Privat soupire, continue à manger puis lui résume sa conversation avec le capitaine Ceny. Meyer réagit :

– Merde. Je déteste cette idée de tueur en série schizophrène – on se croirait dans une mauvaise série B.

– À qui le dis-tu !

– Merde, merde et merde...

Meyer sort une boîte de médicaments, avale deux cachets blancs et un grand verre d'eau. Privat s'énerve :

– Tu ferais mieux de te reposer, non ?

Meyer balaye d'un revers de la main les mots de Privat.

– Et sur les mises en scène, la signification des objets ou des signes retrouvés, ils ont dit quoi ?

– La réponse doit être dans le compte rendu mais je n'ai pas encore tout lu. Par contre, la perruque les inquiète : elle révélerait une modification de l'état psychologique de l'auteur.

Meyer semble surpris, Privat explique :

– D'après eux, elle indique qu'il a été forcé à passer à l'acte plus rapidement que prévu, qu'il n'a pas trouvé la victime adéquate, à savoir une rousse, et qu'il a été obligé de mentir sur sa couleur de cheveux au moyen d'une perruque. Toujours d'après eux, c'est le signe d'une agitation intérieure grandissante, d'une perte de repères, qui risque d'allonger la liste des victimes plus rapidement que prévu...

– Nous voilà bien !

Meyer repousse son assiette, il n'a plus faim. Privat continue :

– Au fait, Béatrice Toussaint a été membre de plusieurs associations de protection de l'environnement. Garnier et Besson vérifient s'il existe un lien entre elle et le trafic de pignons.

– Laetitia Giraud et Manon Pajot faisaient-elles partie des mêmes associations ?

– Pas à ma connaissance.

Privat finit de manger. Meyer croise les bras.

– Je retourne au commissariat après le déjeuner.

Privat ne répond pas et se lève pour commander un café, qu'il boit au comptoir. Meyer ferme les yeux. C'est vrai, il est crevé, vidé, lessivé – mais a-t-il vraiment le choix de se reposer ? Il se répète : ne pas laisser la place au doute ni la fatigue dicter sa conduite, ne pas continuer ce dialogue intérieur stérile, cette lutte qui épuise, qui obsède, qui diminue. « *Take care !* » comme dirait Privat : prendre soin de, veiller sur, pratiquer l'acceptation de soi. Meyer soupire. Cela lui semble inaccessible, hors de portée...

En entrant au commissariat, Arthur Lafarge, le fameux adjoint de sécurité, les accueille, sourire tendu :

– Commissaire, le médecin légiste a laissé un message pour vous : il vous a envoyé un premier rapport par email, il est en réunion cette après-midi mais a promis de vous rappeler juste après.

Le commissaire hoche la tête et monte rapidement à son bureau. Il ouvre sa boîte mail puis la pièce jointe du légiste. La page 2 révèle que Béatrice Toussaint avait un taux d'hormone HCG de 30 000 mUL/mL dans le sang, soit un taux correspondant à 10 semaines de grossesse environ.

Le commissaire s'éponge le front :

– Eh bien merde, on ne l'a pas vu venir celle-là...

Il ressent une douleur dans la poitrine, qui l'oblige à s'asseoir et à avaler une nouvelle pilule blanche. Il fait venir Privat, qui fait les cent pas dans le bureau :

– Le père, qui est le père ?

– Il va me falloir une enquête plus poussée sur sa vie privée et ses relations. Tu fais bosser dessus en priorité, OK ? Il faut prévenir Ceny immédiatement.

Le lieutenant réfléchit :

– Tu penses que le tueur, au moment de dévêtir Béatrice Toussaint, aurait pu se rendre compte de son état ?

À deux mois et demi, j'en doute. En la voyant à l'abbaye, toi tu as remarqué quelque chose ?

– Rien, c'est vrai.

Privat ajoute :

– D'après Sacha Garnier, Béatrice Toussaint n'avait pas de liaison connue.

– Et Patrick ?

– Il était avec Manon Pajot à cette époque, non ?

– Et alors ? Il faut bosser là-dessus.

L'après-midi est éprouvante pour Meyer. Il est épuisé et doit s'y reprendre à plusieurs fois pour lire un rapport. Son esprit est grippé et ses neurones totalement engourdis. La journée s'éternise. Meyer avale cachet sur cachet, se traîne d'un dossier à l'autre. Le médecin légiste l'appelle comme prévu à la sortie de sa réunion.

– Cette fois, le corps de la victime présente des différences : d'abord la fille était enceinte contrairement aux deux autres, et puis elle s'est violemment débattue. En témoignent les griffures sur son cou : c'est elle-même qui s'est griffée, en voulant desserrer les doigts de son adversaire. La lutte a été sauvage. Elle a dû l'agripper et le frapper à plusieurs reprises. Je suis sûr et certain que son adversaire portait une combinaison intégrale – peut-être un masque mais ça, je n'en suis pas certain. Cela explique l'absence de traces laissées par le tueur sur les lieux du crime, ainsi que l'absence de matières sous les ongles – pourtant longs – de la victime. Il faut dire que cette jeune femme était sportive et musclée. Son adversaire a dû passer un mauvais moment. Quant à elle, je n'en parle même pas...

– Elle s'est débattue, se sachant enceinte...

– Là commissaire, c'est vous qui extrapolez. Et mise à

part cette donnée, tous les éléments sont identiques : victime dénudée, morte par strangulation, pas d'abus sexuel, aucune lésion interne... Malheureusement, tout semble confirmer la trilogie.

– Vu les marques sur le cou de la victime, pourriez-vous affirmer qu'il s'agit bien du même auteur ?

– Impossible de répondre : il est illusoire de vouloir reconstituer la main du tueur d'après ces quelques traces. Si l'on fait abstraction du corps, ce qui frappe sur cet homicide, c'est la forte connotation religieuse : la croix tracée sur la poitrine, la position du corps en crucifixion, l'abbaye...

– Des fanatiques religieux sur l'île ?

– Je n'en sais rien, à vous de me le dire, commissaire. Moi, personnellement, je n'ai jamais vu cela : ces signes sur un corps, cette mise en scène, c'est bien la première fois. J'ai épluché les archives : je n'ai rien trouvé de tel sur le département depuis des années. Vous êtes vraiment verni.

Vers 17 heures, le commissaire jette l'éponge et part se reposer, conscient de son manque d'efficacité et de concentration, déjà inquiet à l'idée de ne pouvoir s'endormir. Il serre la boîte de cachets blancs dans sa poche tout en se reprochant cette dépendance. Il ne s'aime guère en ce moment. Il peut déjà sentir les prémisses d'une nouvelle tempête sous son crâne.

De son côté, Rémi Besson a appelé toutes les associations de protection de Ré. Il en ressort que Béatrice Toussaint était bien membre bénévole de plusieurs d'entre elles, et ce depuis son arrivée à Saint-Martin-de-Ré il y a quatre ans. Son engagement consistait à travailler sur le milieu marin : observation et protection des espèces, lutte contre les menaces pesant sur la biodiversité de cet environnement. Manon Pajot, elle, avait pris part à plusieurs actions en présence de Béatrice, sans être adhérente officielle. Ses actions n'étaient pas en lien direct avec le trafic de pommes de pin mais portaient sur la sensibilisation à la protection du patrimoine naturel de l'île. Quant à Laetitia Giraud, elle n'a jamais été membre de ces associations. Par acquis de conscience, Rémi Besson a rappelé Médéric, un de ses amis présents sur la plage le soir du meurtre. Médéric a confirmé que Laetitia n'avait pas de sensibilité particulière pour l'écologie, encore moins pour la protection de l'île de Ré. De plus, c'était la première fois qu'elle se rendait sur l'île – et Médéric de baisser la voix et de murmurer « et malheureusement la dernière fois… ». Rémi Besson s'empresse de frapper au bureau de Privat et entrouvre la porte. Le lieutenant est en pleine conversation téléphonique mais lui fait signe de s'asseoir. Privat met sur haut-parleur et prévient son interlocuteur, le capitaine Ceny. Celle-ci salut Besson et continue :

– Vous trouverez dans ce dernier rapport la liste exhaustive des symptômes de l'auteur que l'on a pu décrypter. En réalité, il y en a sûrement plus, mais nous n'avons aucune certitude quant à leur existence, donc nous n'en parlerons pas. Les symptômes listés ici sont plus ou moins visibles, selon l'état de l'auteur, les périodes de rémission de sa maladie, son environnement, les circonstances extérieures, etc. Certains troubles peuvent passer totalement inaperçus. En lisant cette liste, vous serez sans doute effrayés par la multitude des troubles et des symptômes, dont l'ensemble forme un personnage terrifiant, mais ce tableau n'est pas visible en permanence. Donc ne soyez pas surpris : aucun suspect ne collera parfaitement à cette description.

Besson et Privat prennent connaissance de la liste et s'attardent sur les points principaux : discours illogiques et difficiles à suivre, présence simultanée de sentiments contraires, perception erronée de la réalité, soliloquie, diminution des réactions émotionnelles… Ils soupirent : aucun suspect ne se rapproche de ce portrait-robot, ne serait-ce que sur un seul point. Privat compose le numéro de Meyer – il lui a promis de le tenir au courant. Ce dernier ne répond pas. Affalé dans son fauteuil, un grog froid devant lui, Meyer, épuisé par son nouveau traitement, dort profondément. Il n'entend même pas la sonnerie de son portable, pourtant posé sur ses genoux. Il rêve toujours de la même femme rousse, qui hurle avant de tomber dans l'eau, jetée depuis le pont d'un voilier en pleine course... Ses longs cheveux roux laissent des traînées orange dans la mer verte et Meyer s'agite dans son sommeil.

11 février

– Je vous attendais. Je me demandais quand vous alliez venir.

– Parce que vous avez quelque chose à nous dire ?

Frédéric Petit regarde tour à tour le commissaire et le lieutenant avec assurance. Debout dans son atelier, il répare un trumeau. L'odeur de colle à bois et de sciure fraîche flotte dans le hangar. Frédéric Petit sort de l'atelier et se dirige vers le rayon des cartes marines.

– Vous voulez savoir où j'étais, c'est ça ? Venez, regardez. J'étais là.

Petit pointe du doigt l'île d'Oléron, l'île Madame puis Port-des-Barques.

– Je suis parti trois jours avec mon voilier, *La Note bleue*. J'ai passé la première nuit dans le port de Saint-Denis-d'Oléron, amarré au ponton A. Le lendemain, à marée haute, je suis allé à Port-des-Barques, un village situé à l'entrée de la Charente. Je suis arrivé en milieu d'après-midi et suis reparti le lendemain matin, avec la marée. J'étais là-bas lorsque votre victime a été tuée. Vous voyez ? J'étais loin, très loin. Et j'ai eu de la chance ! Je suis monté dans une navette chargée d'amener les pilotes agréés à bord des cargos à destination du port de Rochefort. Ce port est situé à l'intérieur des terres et il faut emprunter le fleuve pour y accéder : les navires de plus de 45 mètres ont pour obligation de faire appel à ces marins, qui connaissent ses hauts fonds, ses estrans vaseux, ses dangers et ses pièges. Ce soir-là, les membres de la navette attendaient à l'entrée du fleuve l'arrivée du cargo finlandais, nous avons discuté et ils m'ont invité à bord. Le pilote est ensuite monté sur le navire grâce à une échelle de cordes, un exercice acrobatique et impressionnant avec la houle. Ensuite je suis retourné à bord de mon voilier. Ça, c'était le soir du meurtre. Vous voulez les numéros du port, des skippers, du cargo ?

– Oui. Vous étiez seul à bord de votre bateau ?

– J'ai acheté d'occasion ce voilier de 6,20 mètres il y trois ans, un Bénéteau first 210, et je viens seulement d'avoir un anneau au port d'Ars-en-Ré. Oui, j'étais seul à bord, mais j'ai croisé pas mal de monde qui pourrait attester de ma présence dans les deux ports. Là aussi, vous voulez une liste ?

– Oui, également.

Frédéric Petit parle fort, sûr de lui. Il essuie ses lunettes rondes, les remet sur son nez. Il interroge Meyer :

– Et les colliers de vertèbres que vous aviez achetés la dernière fois, ils ont plu ? Ils étaient identiques à ceux retrouvés près de votre femme rousse étranglée ?

Meyer se force à sourire. Ce jeu du chat et de la souris l'insupporte, tout comme l'adjectif possessif. Frédéric Petit s'amuse, et ce rôle semble lui plaire, en tout cas, il le prend très à cœur. Meyer fait un effort pour ne pas s'énerver.

– À Port-des-Barques, vous avez dormi à bord ?

– Oui, le voilier est aménagé. Je l'ai retapé, il est en très bon état. J'ai un bon chauffage aussi, indispensable en février. Vous pouvez aller le voir, il est à Ars-en-Ré, ponton F, bassin de la Criée. L'avantage d'habiter une île, c'est de pouvoir s'échapper régulièrement, pour la journée ou un week-end. La côte est splendide et les îles à découvrir ne manquent pas dans la région. Vous connaissez l'île Madame ?

Le lieutenant intervient :

– À Port-des-Barques, vous étiez le seul bateau amarré ?

– Oui, nous sommes en février et l'endroit est peu connu des touristes. J'étais seul mais j'ai croisé pas mal de monde : un employé municipal de Port-des-Barques, les deux hommes du bateau pilote et plusieurs commerçants du village – j'ai fait un ravitaillement en pain, fruits et légumes.

– Vous avez embarqué à quelle heure sur la navette ?

– Il faisait déjà nuit, il devait être 18 heures ou 18h30. La marée était haute à 19h23 je crois. On est allé au large de l'embouchure, le pilote est monté sur le cargo et la navette est revenue accoster sous le vent du ponton vers 20 heures environ. Il faisait nuit noire. Le marin est monté à bord de *La Note bleue* boire un verre, puis il est reparti travailler environ une demi-heure après. C'est seulement à 8 heures le lendemain matin, avec la marée haute, que j'ai pu repartir pour Ars-en-Ré. J'ai donc été bloqué sur la Charente : marée basse, doublée d'une interdiction de circulation de nuit pour toutes les embarcations.

Meyer grimace intérieurement. Il va devoir se plonger dans les horaires, les coefficients de marées et les calculs de tirants d'eau – ce qui n'est pas son fort, question de racines. Frédéric Petit ne dit plus rien, attend. Le lieutenant montre du doigt la carte côtière :

– Vous avez prévu d'autres sorties les jours prochains ?

Petit sourit. Une nouvelle fois, il essuie ses lunettes – cela lui permet visiblement de prendre le temps de réfléchir – puis explique :

– Je n'ai rien de prévu mais il m'arrive de faire des sorties de quelques heures sur un coup de tête... Le fier d'Ars est magnifique. Et puis à cette époque, il est quasiment désert.

– Vous pêchez à bord ?

– Non, rarement. Je préfère naviguer, tirer des bords, m'exercer aux manœuvres. Lorsqu'on barre seul un voilier de cette taille, il faut être prudent, précis, sûr de ses gestes, apprendre à ne pas se laisser surprendre par les éléments. L'hiver, le fier d'Ars est parfait comme terrain de jeu.

Meyer regarde les cartes marines. Elles sont magnifiques. Il est étonné de leur état de conservation.

– Vous réussissez toujours à les acheter en aussi bon état ?

– Je viens d'en recevoir plusieurs. Celle-ci est ma préférée...

C'est une carte côtière de Bretagne, datant de 1753. L'état général est très bon excepté quelques petites déchirures dans la marge. Meyer aime beaucoup ces annotations, ces abréviations mystérieuses de la légende, ces unités mathématiques qu'il n'arrive pas à se représenter, ces lignes étranges tracées au milieu de nulle part... Tout cela le fait rêver, comme un langage mystérieux qu'il ne déchiffrera probablement jamais.

– Quel est son prix ?

– Celle-ci est en vente à 800 euros. C'est le genre d'articles que je vends très bien, très vite.

C'est intéressant de voir l'attitude de Petit lorsqu'il se relâche, lorsqu'il ne joue plus le rôle d'un suspect persécuté et foncièrement honnête.

– Celle-ci, vous l'avez trouvée à la brocante de Rochefort ?

Petit, surpris, recule la tête comme une tortue effrayée qui cherche à rentrer dans sa carapace. Il se ressaisit :

– Non, par Internet. Pourquoi ?

Le ton de Petit indique qu'il est à nouveau sur la défensive. Plus aiguë, plus criarde, sa voix le trahit facilement. À retenir, se dit Meyer, à signaler au capitaine Ceny sans faute. Le commissaire fait quelques pas, poursuit ses questions à l'intention de Frédéric Petit :

– Vous aviez fait des achats le 8 décembre à la brocante de Rochefort ?

– Je vous ai envoyé la liste de mes achats, de mes factures – essence, hôtel, restaurant, passages du pont... Ça ne vous suffit pas ?

Frédéric Petit s'essuie le front, frotte les verres de ses lunettes avec empressement. Chaque visite finit de la même manière et celle-ci ne semble pas échapper à la règle. Meyer attaque :

– Et la facture de vos fruits et légumes à Port-des-Barques, vous l'avez conservée ?

– Je ne réponds plus à aucune de vos questions. Appelez mon avocat, je refuse de continuer à parler avec vous, c'est terminé.

Frédéric Petit tourne le dos aux deux hommes et regagne son atelier. Il se saisit d'une ponceuse et se remet au travail sans un mot. Meyer et Privat sortent du hangar en bois. Devant la brocante, un groupe d'enfants passent à bicyclette en criant. Privat grommelle :

– C'est vrai, c'est le début des vacances scolaires...

Il va falloir éplucher tous ses faits et gestes, les heures d'arrivée et de départ, les horaires de marées... Meyer appelle Sacha Garnier, lui résume la situation et lui demande de vérifier une nouvelle fois l'emploi du temps de Frédéric Petit, comprenant les deux jours précédents le meurtre jusqu'au soir du 9 février, date supposée de son retour sur l'île. De son côté, Garnier l'informe au sujet des alibis :

– Marie Fabre est dans un triste état, elle ne quitte plus son lit et souffre d'une cirrhose à un stade avancé. Elle n'a aucune force. Impossible de l'imaginer étrangler une autre femme d'une vingtaine d'années, sportive et musclée. Elle est mise hors de cause. Quant à Jacques Carron, après Saragosse en décembre, il est en croisière en Turquie avec un groupe de retraités de Charente-Maritime. Ils seront de retour dans cinq jours. On a appelé la responsable de l'organisation, elle nous a confirmé sa présence là-bas. Ils sont actuellement à Izmir en mer Égée.

– Du nouveau sur les relations de Béatrice Toussaint ?

– On bosse dessus.

– Dépêchez-vous les gars, ça urge.

La Ford Fiesta de Meyer prend la direction de La Rochelle. Elle longe la plage de la Conche des baleines, où ont été tournées les scènes de débarquement du film *Le Jour le plus long*. Quelques familles se pressent vers cette grande bande de sable, emmitouflées et souriantes, avec ballons, seaux et cerfs-volants. À gauche de la route, des enfants se baladent sur des poneys miniatures, bottes en caoutchouc et bombe sanglée sous le menton. Le soleil réchauffe l'air glacé de février et oblige Meyer à porter ses lunettes de soleil pour conduire. Sa paupière droite tressaille sans arrêt – la fatigue sans doute.

Arrivés à Ars-en-Ré, le lieutenant demande au commissaire de tourner à gauche, sur le chemin des Palissiats. Les hommes longent les champs de pommes de terre et Meyer se gare sur la place du marché, déserte ce matin-là. À pied, ils empruntent le chenal menant au port de la Criée. Malgré le froid, quelques optimistes s'entraînent sur le bassin de l'école de voile. On entend le moniteur donner ses ordres : « Serre ta voile... Redresse la barre... Vire de bord... Descends ta dérive... » Les gilets de sauvetage font des taches de couleurs sur l'eau, qui contrastent avec les tons verts et gris du paysage. Privat interroge le responsable de la capitainerie et emmène Meyer sur le ponton F. Il lui montre le bateau de Frédéric Petit, en excellent état. Le voilier, *La Note bleue*, vient d'être repeint en bleu marine et blanc. Meyer se penche vers les hublots pour apercevoir l'intérieur mais tous les rideaux sont tirés. Le lieutenant, les cheveux décoiffés par le vent, répète à Meyer :

– La capitainerie a confirmé l'absence du bateau pendant trois jours, du 7 au 9 janvier. Effectivement, Petit navigue souvent. Il est connu ici : c'est un marin confirmé qui sort par tous les temps.

Meyer écoute tout en découvrant les alentours avec curiosité. Un voilier, amarré au ponton visiteurs, s'apprête à quitter le port et des silhouettes s'agitent à bord – « paré pour la manœuvre ! ». Sur les autres pontons, des employés de Blondeau Marine s'activent et remplacent quelques pièces défectueuses sur un bateau à moteur. Le bassin de la Criée est au bord du fier, la vue est splendide. Le commissaire, ébouriffé, se frotte les mains pour les réchauffer et remonte le col de sa veste. Il cherche à s'imprégner de ce calme et regrette de devoir partir si vite s'enfermer dans un bureau.

Lorsqu'il arrive au commissariat, Meyer doit faire face à un nombre important de messages et d'appels. Monsieur et madame Toussaint, les parents de Béatrice, demandent à être rappelés de toute urgence. Meyer s'exécute sans plus tarder.

– Commissaire Meyer, je...

– On cherche à vous joindre depuis ce matin. Il faut que vous fassiez quelque chose, ce n'est plus possible. On est harcelés par les journalistes, qui questionnent tout notre entourage : nos proches, nos voisins... Et certains disent n'importe quoi, juste pour passer à la télé. Ils lancent des fausses rumeurs et prétendent que notre fille tournait des vidéos sur Internet, qu'on peut la voir entièrement nue et...

– Vous savez qui a lancé ces rumeurs ?

– Non, mais les journalistes nous harcèlent pour savoir si on était au courant, si elle faisait ça depuis longtemps, si on a une vidéo d'elle en notre possession. C'est ... c'est horrible.

La voix se casse. Meyer tente d'apaiser les sanglots et promet de s'en occuper immédiatement et personnellement – il martèle les premières syllabes des adverbes avec conviction. La mère raccroche. Meyer a mal au crâne, il se rend compte que le vent de ce matin l'a épuisé nerveusement. Il avale un énième comprimé avec un fond de café froid – l'effet est affreux. Il appelle le lieutenant Pichon, qui a travaillé sur la vidéo de Manon Pajot et lui explique la situation concernant Béatrice Toussaint. Pichon lui demande un nombre important de renseignements et promet de commencer les recherches dès qu'il aura raccroché. Le commissaire se masse les tempes. Son mal de tête est lancinant et n'a pas l'air de vouloir disparaître. Meyer décide de s'octroyer une pause et sort respirer l'air frais. Il s'assoit à la terrasse du café de la Paix, commande un jus de tomate qui, aussitôt arrivé sur la table, le déprime. Il sursaute à chaque bruit de couverts ou de voix. Groggy et inquiet, il téléphone au cardiologue, laisse un message à son secrétariat, demande à ce qu'on le rappelle – ou qu'on le rassure. Meyer s'inquiète... Il s'en est fallu d'un cheveu – roux peut-être – pour le mettre à terre. Pourquoi une telle fragilité, après trente ans de carrière ? Pourquoi une telle somme de doutes ? Pourquoi cette faille dont Meyer ignorait jusque-là l'existence ? Le cardiologue interrompt le commissaire en pleine réflexion et lui demande des informations complémentaires : rythme cardiaque, état général, heures de sommeil. Le médecin le tranquillise :

– La fatigue est due en partie au traitement, assez fort. Il faudra plusieurs jours pour que votre corps s'habitue. Il est encore trop tôt pour diminuer les doses et seul un bilan, dans une quinzaine de jours, décidera de la suite du traitement. D'ici là, aucun stress et beaucoup, beaucoup de repos.

Meyer sourit.

– C'est exactement mon programme.

Le cardiologue, peu convaincu, le met en garde et lui énumère les conséquences de sa maladie puis les effets secondaires de ses médicaments. Meyer, dégoûté, éloigne le téléphone.

Liesel l'appelle en fin d'après-midi. Meyer est concentré sur la lecture du rapport du DSC. Il met quelques secondes à émerger. Sa fille semble inquiète :

– Comment vas-tu ? Vu ce qu'on entend à la télé ou à la radio, j'imagine que la situation est hyper tendue. Tu arrives à gérer ?

– J'essaie...

– Tu as beaucoup de pression ?

– C'est la politique du résultat : tu trouves ou tu dégages. Je crois que j'en suis là. Et toi ?

– On vient de répondre à quelques appels d'offres intéressants, dont un projet de prison ouverte. Le cabinet est dans la course, plutôt bien positionné, j'espère travailler dessus.

Meyer entend le signal d'un autre appel, il peste.

– Liesel, je suis vraiment désolé, j'ai un autre coup de fil. Je peux te rappeler plus tard ?

– À demain, prends soin de toi.

Meyer bascule sur l'autre ligne :

– Bonjour, ici Patrick Trenet.

Meyer est surpris et met quelques secondes avant de répondre :

– Commissaire Meyer. Vous allez bien ?

– Non, pas du tout. Je n'arrête pas de penser à Manon et à Béatrice. Je me sens coupable. J'ai l'impression qu'elles sont mortes par ma faute. Je n'arrivais plus à dormir et j'ai dû aller voir un psy. Je suis sous antidépresseurs.

« À Manon et à Béatrice » : Meyer se demande s'il faut y voir une déclaration. Patrick ne dit plus rien, le commissaire non plus. Patrick, au bout d'un moment, reprend :

– Je voudrais vous voir, vite. Vous pensez que c'est possible ?

– C'est pour quoi exactement ?

– Cet été, il y a eu une histoire bizarre avec Béatrice, je me demande si finalement cela n'aurait pas un rapport avec sa mort...

Cet empressement soudain étonne Meyer.

– On peut en parler au téléphone, non ?

– Non, j'ai peur, je ne veux pas. J'ai peur d'être surveillé moi aussi. Vous comprenez ?

Meyer se méfie, le profil ambigu de Patrick le fait hésiter. Mais il sait que Patrick parlera plus facilement ailleurs qu'au commissariat.

– OK. Vous êtes chez vous ?

– Oui, je ne bouge pas.

Meyer soupire en raccrochant. Il est tard, il a la tête dans un étau, le front fiévreux et n'a aucune envie de refaire la route en sens inverse. Il passe voir Privat, qui a la bonne idée de conclure :

– Ce Patrick n'a pas le profil du tueur, mais on ne sait jamais finalement... Tu fais gaffe ?

– Merci, j'aime ton réconfort. Est-ce que tu pourrais appeler la brigade de renseignements et d'investigations judiciaires, demander le lieutenant Pichon et vérifier s'il a du nouveau sur des vidéos impliquant Béatrice Toussaint ? Tu m'appelles si c'est le cas, OK ?

– *Of course. Take care !*

Meyer traverse l'île sous un soleil un peu voilé qui descend à l'horizon. Il choisit la route du sud sans y penser, et sourit lorsqu'il s'en rend compte – la route du nord passe par l'abbaye des Châteliers, celle du sud par Sainte-Marie-de-Ré et Le Bois-Plage, villages sans référence directe avec l'enquête. Il écoute France Bleu La Rochelle et les infos nationales ne sont guère plus réjouissantes que les infos locales, tout comme la météo du lendemain : « Le temps sera perturbé toute la journée. Vent variable devenant ouest-nord-ouest vers 6 heures puis nord-nord-ouest vers 18 heures. Force 5 mollissant 2 avant 6 heures puis forcissant 3 le matin. Mer agitée. »

Lorsque le commissaire arrive à Ars-en-Ré, le village est déjà plongé dans l'obscurité. Le clocher, éclairé, semble se détacher du ciel, point de repère pour les navires, les automobilistes et les cyclistes. Meyer gare sa voiture rue de Mouillebarbe, devant la maison des parents de Patrick, une maison typique de l'île, blanche aux volets gris. Meyer sonne et Patrick entrouvre la porte.

– Bonsoir commissaire.

Patrick fait entrer Meyer dans la salle de séjour et l'invite à s'asseoir autour de la table en pin clair où traînent les journaux du jour. Patrick attaque sans préambule :

– Je vous ai fait venir parce que j'ai un doute. Ce n'est peut-être pas grand-chose mais ça me tracasse quand même. L'été dernier, juste avant le meurtre de Manon Pajot, j'étais avec Béatrice sur la plage. Ce jour-là, elle était hyper nerveuse. Son téléphone portable ne marchait pas, elle m'a demandé de lui prêter le mien, ce que j'ai accepté. Elle s'est éloignée pendant un bon quart d'heure et en revenant, elle était furieuse. Elle m'a jeté le téléphone à la tête et elle est partie se baigner pendant un long moment. En revenant, ça allait mieux, elle s'était calmée. Le soir, j'ai ouvert mon téléphone et consulté l'historique du navigateur : c'était des sites du genre dénudé, vous voyez ? Il fallait un mot de passe pour accéder à son profil, je n'ai rien vu directement sur elle. Mais depuis le meurtre et celui de Manon Pajot, je me demande si tout cela n'est pas lié...

– C'est une piste parmi d'autres.

– Et vous ne croyez pas que quelqu'un la faisait chanter, comme Aigre-doux avec Manon Pajot ?

– J'ai mis la brigade spécialisée sur l'enquête. Vous avez toujours votre téléphone ?

– Non, je l'ai vendu en octobre ou novembre... Toutes les données sont perdues.

– Vous vous souvenez de certaines adresses ?

– Honnêtement, non. Il y en avait à peu près cinq ou six qui apparaissaient dans l'historique de navigation. J'ai oublié les noms.

– Et vous n'avez posé aucune question à Béatrice ?

– En fait, je n'ai pas osé. C'était comme lui avouer que

je l'avais espionnée...

– Ce jour-là, elle ne vous a rien dit de particulier ?

– Rien de spécial. Elle était de mauvaise humeur, pas très bavarde...

– Cela s'est-il reproduit ensuite ?

– Jamais.

Le commissaire marque une pause. Patrick attend sans marque de nervosité apparente.

– Quels étaient vos liens précis avec Béatrice Toussaint ? Je veux dire, vous la connaissiez, mais aviez-vous une relation avec elle ?

– Est-ce qu'on couchait ensemble, c'est ça que vous voulez savoir ?

Meyer hoche la tête. Patrick continue :

– Ça change quelque chose à l'enquête ?

– Oui. Béatrice était enceinte de deux mois et demi à sa mort.

Le visage de Patrick se décompose, vire au gris. Il agrippe Meyer et lui secoue le bras :

– Vous en êtes sûr ?

– Le médecin légiste est formel. Il n'y a aucun doute. Elle vous en avait parlé ?

Patrick s'effondre sur la table, la tête dans ses bras repliés. Le commissaire attend. Soudain, Patrick se redresse :

– De combien vous avez dit ? Elle était enceinte de combien ?

– Deux mois et demi.

Patrick se tait et compte. Mi-novembre. Trois semaines avant la mort de Manon Pajot. Il demande :

– On peut savoir qui est le père ?

– Avec une analyse ADN, oui, en théorie c'est possible.

Le commissaire sent les interrogations et les pensées se bousculer dans la tête de Patrick, qui n'ajoute rien. Meyer renouvelle malgré tout sa question :

– Elle vous en avait parlé ?

Patrick baisse la tête et murmure un « non » très faible. Meyer est enclin à le croire, vu sa réaction.

– Vous pourriez être le père ?

Aucune réponse, aucune réaction. Meyer attend un moment puis se lève.

– Vous aviez d'autres choses à me dire ?

Patrick secoue la tête. Il se lève et sans un mot, accompagne le commissaire à la porte. Il rajoute d'un ton sec :

– Béatrice vivait sa vie, moi la mienne, et je n'en sais pas plus sur sa vie privée.

Patrick serre la main de Meyer et referme rapidement la porte derrière lui.

Meyer contemple le plafond de sa chambre, faiblement éclairée par la lampe de chevet, y distingue trois marques sombres bien visibles – résultat d'une bonde défectueuse à l'étage – et, comme un test de Rorschach, pense immédiatement aux trois femmes. Meyer projette le plan de l'île sur ces formes, préoccupé par le *modus operandi* de l'auteur : comment a t'il emmené ses victimes sur les lieux de leur mort ? Ont-elles été tuées à cet endroit précis ? Les bords du plafond et ses moulures décoratives – soit l'océan Atlantique selon la carte de Meyer – ont-ils servi à transporter les corps, à se débarrasser des objets compromettants et effets personnels des victimes ? Le commissaire se tourne sur le côté, remonte le drap, laisse glisser son regard sur le mur blanc de la chambre. Une ombre un peu prononcée lui évoque la silhouette enceinte de Béatrice Toussaint, un autre mystère qui s'ajoute à la grande liste des questions sans réponse. Meyer se répète qu'il faut élargir le cercle des connaissances des victimes et des suspects, pour faire apparaître un élément commun à tous, un facteur déclencheur, appelé mobile... Meyer éteint la lampe, garde les yeux grands ouverts. Il devine les taches. Trois victimes (appelées v) avec trois mobiles (m) ? Trois mobiles pour un tueur, avec un facteur commun (x), soit 3v = 3m (x) ? Meyer se concentre sur le x, ne peut s'empêcher d'y voir un grand X et une référence aux vidéos interdites aux mineurs. Meyer divague, se tourne et se retourne dans son lit. Serons-nous un jour capables d'exploiter ces milliers d'informations nationales et mondiales relatives aux meurtres, aux crimes, aux auteurs, aux suspects, aux armes, aux lieux ? Arriverons-nous un jour à analyser cette masse vertigineuse de données pour en extraire des analyses statistiques ou prédictives ? Un big data au service de la lutte contre la criminalité ? Meyer imagine son équation 3v = 3m (x) se perdre dans les supercalculateurs à la vitesse de la lumière, déclencher des réactions en chaîne, allumer des voyants lumineux verts ou rouges et des ventilateurs surpuissants, et signaler les zones probables des prochains meurtres sur l'île... Le lieutenant Privat lui a déjà parlé d'un logiciel de police prédictive américain, PredPol, en test depuis 2011 dans plusieurs grandes villes des États-Unis. Le commissaire sait aussi qu'en France, le ministère de l'Intérieur et l'Institut Mines-Télécom développent un projet similaire, basé sur une intelligence artificielle capable de s'améliorer elle-même. Cette notion de police prédictive effraie et fascine Meyer. Mais son cerveau fatigué bute avec effroi sur la suite de sa trilogie meurtrière – quadrilogie ou tétralogie ?

Page 153

Tu m'as poussé à bout, acculé à la haine, traîné de cage en cage. Tu me murmures c'est la dernière, oui la dernière et avec elle tu auras ta récompense. L'océan me porte, ma barbe n'est pas bleue, pas encore. Coutelas et poignée de cheveux, voilà mes outils du soir. Tu me harcèles, me cries dedans, me hurles à jets continus, froids puis chauds, vapeurs mortelles, acides. Ma conscience est pleine de trous. Tu me dis n'aie pas peur je serai avec toi puis tu m'abandonnes me jettes me fracasses. Je me démantibule éparpillé démembré je suis plusieurs. Tu me dis je dois la faire taire la priver d'air l'asphyxier l'étouffer la suffoquer, oppression sur mes oreilles, elle défait ses lacets les vagues nous chavirent et le vent du large cris de joie tu délivres la haine ne me prends pas je ne veux pas écouter tes paroles désespoir qui s'arc-boute je suis trop faible. Il est l'heure tu le cries tu m'ordonnes tu ouvres ma cage le fossé est plein de sang j'enjambe des corps sans tête tu ries tu te moques je dois tu serres mes doigts je ne veux aucun nous folie dans ma tête tu me dis bientôt nous y arriverons.

12 février

Le commissaire se réveille vers 5 heures du matin, agité, fiévreux. En première partie de nuit, son cerveau a ressassé vocabulaire et prédictions ; à 3 heures, Meyer s'est réveillé, a fixé les taches au plafond, puis s'est rendormi ; entre 4 et 5 heures, son cerveau a repassé en boucle sa visite chez Patrick Trenet. Ces soubresauts de gymnastique cérébrale épuisent le commissaire, qui se réveille la paupière lourde et de fort mauvaise humeur. Il tente de décrypter les messages envoyés par son cerveau surmené en cette nuit agitée : un mot de trop, un geste déplacé, un objet suspect, un sous-entendu involontaire ? Rien. Meyer se retourne dans son lit. Il tente de se concentrer sur des exercices de méditation de pleine conscience : observer sa respiration et son parcours, être attentif aux bruits extérieurs, pratiquer le silence intérieur... Il s'oblige à repousser les préoccupations du quotidien – c'est une lutte éreintante qu'il a appris à gérer au fil des années. Peu à peu, son agitation intérieure retombe, comme des impuretés dans le fond d'un verre, son esprit devient clair. Meyer se sent enfin prêt à affronter une nouvelle journée, après un café et une douche chaude – l'absence de désirs est la prochaine étape sur son chemin vers la paix intérieure.

Vers 8 heures, Privat arrive au commissariat, un mug de café fumant et quelques polars fatigués sous le bras – ne manquent que le donut et l'accent éraillé des cow-boys de Chicago. Il salue Meyer, s'assoit, avale une gorgée, se brûle et explique :

– Le capitaine Ceny cherche à nous joindre.

Meyer compose aussitôt le numéro et met le haut-parleur. Le capitaine Ceny ne s'embarrasse pas des formalités et entre directement dans le vif du sujet.

– Reprenons les éléments avancés du profil. Concernant son lieu de résidence, l'auteur habite l'île sans aucun doute : il connaît parfaitement les lieux pour utiliser le terrain de nuit et n'y laisser aucune trace. Quant aux victimes, elles ne sont, pour l'auteur, que de simples objets dépersonnalisés : l'auteur ne les connaît pas, ne connaît pas leurs familles ; elles sont choisies « au hasard » – excepté la couleur de leurs cheveux. Ce qui m'inquiète, c'est l'accroissement évident de la tension intérieure de l'auteur, de son état de fragilité. Le dernier homicide en est la preuve : l'auteur a agi dans l'urgence, incapable d'attendre plus longtemps une femme rousse. Au moment du passage à l'acte, la fille s'est débattue, contrairement aux deux autres, et cela a déstabilisé l'auteur qui ne s'y attendait pas. Depuis, il éprouve une forte haine mêlée de honte, ce qui forme un cocktail explosif. Est-ce que tout cela vous parle ?

– Aucun suspect ne semble coller, de près ou de loin, à cette description. Nous comprenons ce profil, mais nous sommes incapables de l'attribuer à quelqu'un de précis...

– Attention, l'auteur n'est pas forcément connu. Il faut seulement garder en tête ces données et les utiliser le moment venu, par exemple lors d'un interrogatoire ou d'une arrestation.

– Pensez-vous que l'auteur ait un goût prononcé pour les vidéos porno, ce qui expliquerait la nudité des trois victimes ?

– Cela ne ressort pas clairement. La nudité s'explique plutôt par une double pulsion : d'une part, avoir un contrôle total de la victime en maîtrisant son corps et ses gestes, d'autre part utiliser celui-ci comme support d'expression – inscription de lignes et de croix, position au centre du théâtre, ajout d'artifices. L'auteur n'a pas d'attirance pour la nudité elle-même, celle-ci est juste un outil pour finaliser son acte de destruction.

Privat se ronge les ongles, ce qui rend Meyer nerveux. Le lieutenant demande :

Voyez-vous dans ces crimes un lien possible vers un mouvement écologiste, une possible revendication quant à la protection de l'environnement, de l'île ? Avec la nudité comme un retour à l'état primitif...

Meyer fronce les sourcils d'étonnement. Privat, impassible, continue :

– Je veux dire, nous enquêtons actuellement sur un trafic de pommes de pin et...

– Je suis au courant de cette affaire.

– Les deux enquêtes peuvent-elles être liées ?

– Pas à mon sens. L'auteur est obnubilé par un dialogue intérieur, une logique interne, et la réalité a peu de prise sur lui. Il ne se préoccupe guère des questions d'actualité ni des débats politiques ou écologiques. Il vit seul, dans un monde qui se referme peu à peu sur lui.

– Charmant...

– Soyons clairs, en passant à l'acte, l'auteur s'est protégé en se dissimulant sous une combinaison mais il n'a pas pu travestir ses émotions : c'est cette plus-value comportementale que nous tentons de vous apporter. Continuons à échanger régulièrement. N'hésitez pas à m'appeler.

Meyer raccroche, regarde Privat et imite sa voix avec exagération :

– La nudité comme un retour à l'état primitif !

La conférence de presse a lieu en présence du substitut du procureur, en fin de matinée. Le lieutenant est là en soutien, sur demande du procureur mais aussi du commissaire, allergique à ce genre d'exercice. Le nombre de micros est impressionnant : télévisions locales et nationales, radios d'information en continu... Les caméras, derrière les chaises réservées aux journalistes, tapissent le fond de la salle. Pendant quarante minutes, les questions fusent, insistantes, offensives. La conférence est parfaitement maîtrisée : pas un instant, le substitut du procureur ou le lieutenant ne perdent patience. Meyer en serait bien incapable, en pleine tempête intérieure. Il résulte de cette allocution que le tueur en série défraie la chronique, que la population de l'île se barricade chez elle, que la Charente-Maritime devient un département maudit à éviter. Un retraité originaire de Sainte-Marie-de-Ré affirmait hier à la radio : « Je n'ai pas peur pour moi mais j'ai peur pour mes enfants. J'ai dû leur interdire de venir me voir. La situation n'a que trop duré. » Le préfet a ordonné la mise en place de barrages filtrants à l'entrée de l'île : les véhicules sont systématiquement fouillés, les papiers d'identité vérifiés. Le but est, encore une fois, de rassurer les habitants. Le déploiement d'une centaine de policiers sur Ré est à l'étude dans le bureau du ministre de l'Intérieur. Meyer n'aime pas cet étau qui se referme autour de lui.

Le lieutenant Rémi Besson se frotte les mains : en Catalogne, à Sant Hilari Sacalm, un directeur d'usine de pignons et fruits à coques a été interpellé par les Mossos d'Esquadra, la police catalane, pour vol et trafic de matières premières. Son entreprise séchait les pommes de pin en provenance de Ré pour récolter les précieux pignons. Elle les conditionnait et approvisionnait les marchés locaux. En France, la plainte du conseil de Charente-Maritime semble avoir dissuadé une partie des trafiquants d'agir sur Ré. Désormais, ils prélèvent illégalement les pommes de pin dans le sud des Landes et le Var, dans l'Estérel et le littoral des Maures, régions riches en pins parasol. Le lieutenant Besson a donc contacté à plusieurs reprises ses collègues de Dax et de Hyères afin d'accélérer la reconnaissance du phénomène et la procédure judiciaire. Piètre consolation…

L'heure qui suit le repas de midi est toujours traîtresse. Le corps se concentre sur un unique objectif, la digestion, et même les neurones semblent relégués au second plan pour garantir la réussite de l'opération. Il en résulte un état semi-comateux, que les plus courageux tentent de combattre au moyen d'une tasse de café ou d'un grand bol d'air frais. Meyer n'en a ni la force ni l'envie, et se laisse aller à cette douce quiétude de début d'après-midi. Il somnole et aussitôt son cerveau reprend son travail d'enquête. Et soudain, bingo ! Il s'agissait bien d'un objet. Lorsque Meyer, assis à la table de pin clair du salon, parlait à Patrick, il y avait, dans le coin droit de son champ de vision, posé entre l'armoire et le radiateur, un sac en plastique rempli de jeux de plage. Avec un moule en plastique rouge, en forme de pyramide. Meyer se réveille instantanément, attrape sa veste accrochée au porte-manteau et vérifie la présence de ses clefs de voiture dans la poche intérieure. Il se dépêche de rejoindre sa Ford fiesta puis recherche une fausse excuse pour rendre visite à Patrick Trenet.

Lorsque Patrick ouvre la porte et aperçoit le commissaire, une ombre passe sur son visage. Il sert la mâchoire, ne dit rien.

– Je peux entrer ?

– Ça vous tracasse, hein, de savoir si je suis le père ou pas ?

– On devrait en parler à l'intérieur. J'ai quelques questions à vous poser.

Derrière Meyer passe une voisine, que Patrick salue vaguement. À contrecœur, il fait signe au commissaire de rentrer. Patrick retire son pull et le jette à côté de l'armoire, tout près du sac de plage. Meyer se demande si, encore une fois, il faut y voir un signe quelconque. Patrick réitère sa question :

– Ça vous tracasse, hein, de savoir si je suis le père ou pas ?

– Ou bien c'est vous que ça tracasse, non ? Ça fait deux fois que vous me posez la question.

– Je suis sûr que votre éducation vous empêche de comprendre toutes ces relations : Béatrice, Moi, Manon Pajot... Vous êtes dépassé, *out*, et en plus ça vous énerve parce que vous vous sentez vieux.

Le commissaire s'approche de Patrick :

– C'est vrai, et je compte sur vous pour m'expliquer clairement la situation.

– Vous ne comprendriez pas. De toute façon, elles sont mortes. Le bébé aussi. Il n'y a plus rien à dire.

Meyer se place devant lui, le regarde bien en face :

– Imaginons qu'un homme profite des deux premiers crimes pour faire passer le troisième sur le compte du tueur en série...

Patrick s'écarte, gagne l'autre bout de la pièce, coupe Meyer :

– Imaginons qu'un inspecteur, incapable de résoudre trois crimes, cherche abusivement à attribuer le troisième à un innocent...

Meyer va se placer juste devant le sac rempli de jeux de plage : seaux, pelles, tamis, petites voitures... Le moule en plastique rouge est toujours là. Meyer aperçoit l'intérieur, plein de sable. Il continue :

– Ou bien imaginons que le meurtrier ait des liens avec toutes les victimes, des liens intimes, avec chacune d'entre elles...

Patrick s'énerve :

– Et l'inspecteur, obsédé et voyeur, mate les vidéos intimes de ses victimes, c'est ça ?

Le commissaire, du haut de ses 1,80 mètre, regarde attentivement le moule. Il est beaucoup trop grand. Sa base fait au moins 10 centimètres, contrairement à ses souvenirs inconscients. Beaucoup trop grand pour correspondre à la pyramide retrouvée sur le corps de Laetitia Giraud. Le commissaire est parcouru d'un frisson dans le dos, un signe qu'il connaît bien et qu'il redoute. Il regarde Patrick puis regagne la porte. Une main sur la poignée, il suggère :

– Appelez-moi seulement si quelque chose vous revient à l'esprit.

En sortant rue de Mouillebarbe, Meyer s'oblige à marcher un peu avant de reprendre le volant, pour faire retomber la colère qui l'agite. Foutue journée : l'enquête n'a pas avancé d'un iota, son inconscient lui joue des tours et Patrick se paie sa tête. Meyer avale deux pilules blanches, vérifie son rythme cardiaque, index et majeur sur la carotide, yeux fixés au chronomètre : 110 pulsations par minute – c'est beaucoup, non ? Meyer inspire et expire plusieurs fois, mentalise sa colère comme un gribouillis noir qu'il faut expulser par le souffle. Le vent emporte les derniers relents d'exaspération, et la fatigue s'abat sur lui comme une masse.

Il allume les phares de sa Ford, reprend la route en sens inverse. La départementale est déserte. France Bleu La Rochelle diffuse *Merde à Vauban* de Léo Ferré et déroule sa programmation consacrée à l'île de Ré. Meyer pose la main droite sur son cœur, se réjouit de son rythme plus lent. Il réfléchit aux paroles de Patrick, se demande quelle est la part de vérité dans ses propos, son degré d'implication. À travers ses réflexions percent parfois quelques paroles : *Dans l'île de Ré / Ma belle adorée / Je t'emmènerai / Bientôt / Au mois le plus tendre / Le mois de septembre / Où l'on peut s'étendre*... L'attitude de Patrick est pour le moins ambiguë : Béatrice est morte depuis plusieurs semaines, et c'est seulement maintenant qu'il se souvient de cette histoire de vidéos... *Nous irons aux Portes / Au bout / Mes parents y vivent ! Tout près de la rive / Brodée de salives / Nacrées / là la fleur marine / Par les deux narines ! Grise la poitrine d'un encens sucré...* Y aurait-il en Patrick, comme l'indique le profil du DSC, deux facettes cachées ? L'une de façade – Patrick effrayé, diminué –, l'autre dissimulée – Patrick manipulateur ? *Sur le tapis mousse de la plage rousse / Soudain je te pousse / Alors / Voici le célèbre cliché de vertèbres / De bras et de lèvres...* Surpris par le mot « vertèbres », Meyer monte le son, écoute les paroles avec attention : *Que l'eau imbuvable / Lessive inlassable / Nettoie / Effaçant l'empreinte / Pourtant sacro-sainte / De la longue étreinte / De nos cœurs en croix...* Poitrine, encens, vertèbres, cœurs en croix... Meyer est surpris, ne comprend rien. Il s'arrête sur le bas-côté de la route, monte encore le son : *Le phare sirène / Du cap des Baleines / Tournant la rengaine / D'amour d'au-delà...* Meyer reconnaît la voix chaude de Claude Nougaro, l'intérieur de la Ford vibre, les paroles envahissent l'habitacle, se télescopent, s'entremêlent : *Barbe Bleue des Portes / L'océan t'apporte / La clé / La clé du mystère / Pour toi ma Miss Terre / Que tu sauras taire / Dans l'île de Ré...* Meyer attrape son téléphone, tape « Claude Nougaro île de Ré paroles » puis entrée, mais la connexion est longue, la barre de chargement n'avance quasiment pas. Le commissaire ouvre la fenêtre, lève le bras, téléphone à bout de main. Il regarde l'écran, s'impatiente, puis, excédé, appelle le lieutenant Privat :

– Sur Internet, lis-moi les paroles de Nougaro, sa chanson sur l'île de Ré... Tu connais ?

– Je regarde ça tout de suite, pourquoi ?

– Elle parle de poitrine et d'encens, de vertèbres puis d'eau imbuvable et de cœur en croix...

– Ça y est, je l'ai. Elle est longue... Je te lis quelques passages : *Nous irons aux Portes / Au bout / Mes parents y vivent ! Tout près de la rive / Brodée de salives / Nacrées /*

là la fleur marine / Par les deux narines ! Grise la poitrine d'un encens sucré... Je continue : *Sur le tapis mousse de la plage rousse / Soudain je te pousse / Alors / Voici le célèbre cliché de vertèbres / De bras et de lèvres...* C'est dingue ! *Sur le drap de sable / Que l'eau imbuvable / Lessive inlassable / Nettoie / Effaçant l'empreinte / Pourtant sacro-sainte / De la longue étreinte / De nos cœurs en croix...* C'est complètement dingue !

Au fur et à mesure de la lecture, la voix de Privat change, le commissaire sent l'excitation monter dans sa voix.

– C'est impossible... et pourtant c'est exactement la description des trois victimes ! C'est complètement... *La fleur marine par les deux narines* pour Laetitia Giraud, *je te pousse* et le *cliché de vertèbres* pour Manon Pajot, *Sur le drap de sable, l'eau imbuvable* et *nos cœurs en croix* pour Béatrice Toussaint... Tu es d'accord, ça ressemble beaucoup à nos trois meurtres, non ? C'est complètement insensé !

– C'est comme si le meurtrier s'était inspiré de la chanson de Nougaro...

– Claude Nougaro... Ce n'est pas Frédéric Petit qui collectionne les vinyles de Nougaro ?

– Et qui a été sosie de Nougaro dans sa jeunesse ?

– Il faut absolument qu'on appelle le capitaine Ceny, qu'on lui...

Meyer le coupe :

– Lis la suite ! Non, ça y est j'ai les paroles à l'écran ! Regarde la fin : *Nous jetterons l'ancre / Dans le flacon d'encre / D'une nuit qu'échancre / Là-bas / Le phare sirène / Du cap des Baleines... Barbe Bleue des Portes...*

– *Quand la lune brûle / L'îlot majuscule...* La lune brûle : c'est la lune rousse, non, qui brûle ? La pleine lune ?

Meyer passe la tête par la fenêtre :

– Je suis sur l'île, près de La Couarde-sur-Mer, et la lune est ronde, d'un rond parfait. La pleine lune, c'est sûrement ce soir, il faut vérifier. Continue :

– *Nous jetterons l'ancre / Dans le flacon d'encre / D'une nuit qu'échancre / Là-bas / Le phare sirène / Du cap des Baleines...* Le voilier de Petit !

Meyer n'entend pas la suite. Il fait un demi-tour sur la route, les pneus crissent, Privat au téléphone lui demande si tout va bien.

– Je suis tout près d'Ars-en-Ré, je vais voir si le bateau est au port.

– Ne roule pas trop vite ! Écoute la suite : *Barbe Bleue des Portes / L'océan t'apporte / La clé / La clé du mystère / Pour toi ma Miss Terre / Que tu sauras taire / Dans l'île de Ré.* Barbe-Bleue, tu connais les détails ?

– Un conte de Perrault, dans lequel un homme à la barbe bleue interdit à sa femme de pénétrer dans une des pièces de son château. Elle désobéit. L'homme, furieux, s'apprête à l'égorger lorsqu'il est finalement transpercé d'un coup d'épée.

– L'égorger ! *Shit !*

Meyer tourne à droite sur la nationale en direction d'Ars, longe le village, le port puis emprunte la route qui mène au bassin. Il freine brusquement, ouvre la portière et court vers le ponton F. Le port est peu éclairé, Meyer s'approche, manque de glisser, ralentit : l'emplacement du voilier *La Note bleue* est vide. Meyer hurle dans son téléphone :

– Il n'est pas là, il est parti.

Meyer court vers la capitainerie, mais tout est fermé à cette heure-ci. Meyer baisse le ton :

– D'ailleurs, *La Note bleue*, ce n'est pas le dernier album de Claude Nougaro ?

– Oui, je crois. On demande des renforts ?

– C'est quand la pleine lune ?

– Ce soir, j'ai vérifié, tu avais raison.

– C'est quoi les paroles : *Nous jetterons l'ancre dans...* ?

– *Nous jetterons l'ancre / Dans le flacon d'encre / D'une nuit qu'échancre / Là-bas / Le phare sirène / Du cap des Baleines.*

– Alors, il faut concentrer la zone de recherche près du phare des Baleines... Il faut appeler la gendarmerie maritime de La Rochelle, une vedette doit se rendre immédiatement dans la zone du phare.

Meyer se tourne vers le large, vers le fier d'Ars plongé dans le noir.

– Tu les appelles. Avec la nuit, je n'arrive pas à voir si la marée est haute ou pas. Tu te renseignes ? J'appelle la gendarmerie de Saint-Martin-de-Ré tout de suite, ils peuvent nous aider en surveillant la côte.

Meyer court vers sa voiture.

– Ici le commissaire Meyer. On a une urgence : un suspect à bord d'un voilier de 6 mètres, baptisé *La Note bleue*. Le propriétaire est Frédéric Petit, brocanteur aux Portes-en-Ré. Il est probablement l'auteur des trois meurtres sur l'île et nous pensons qu'il y a une nouvelle victime à bord de son bateau. Il doit être dans la zone du phare des Baleines. J'y vais immédiatement. Essayez de localiser l'embarcation par tous les moyens.

– Bien reçu. On vous envoie des hommes.

Privat rappelle Meyer quelques instants plus tard :

– La vedette de la gendarmerie maritime est déjà en route, elle devrait être sur zone d'ici trente minutes environ. L'hélicoptère sera le premier là-bas et aidera la vedette à intercepter le voilier. La marée est descendante, ce qui veut dire que le bateau sera au large.

– OK. Je pars au phare, je suis en route, j'en ai pour dix minutes à peine.

– En fait, ça veut dire que Frédéric Petit se prenait vraiment pour Claude Nougaro ? Au point de tuer les femmes comme dans sa chanson ?

– Tu vas appeler Ceny, lui demander si notre suspect colle au profil.... C'était quoi les termes exacts du rapport ? « Schizophrénie paranoïde : en raison de deux personnalités contradictoires, l'auteur est en conflit avec lui-même et se sent persécuté. Le sujet est dangereux car il y a à la fois dissociation et délire compensateur... » Ça pourrait coller, non ?

Privat réfléchit à l'autre bout du fil :

– En même temps, Petit ne semble pas présenter des symptômes tels qu'hallucinations auditives, perturbation de la pensée ou désordre de la motivation, non ?

– Je ne suis pas psy. Appelle Ceny et rappelle-moi.

Meyer arrive devant le phare. Le parking est désert, les gendarmes ne sont pas encore arrivés. Meyer ouvre la boîte à gants, peste devant l'absence de jumelles, claque la portière. La grille est fermée, Meyer contourne le bâtiment par la droite et parvient à gagner le bord de mer. Effectivement, la mer s'est retirée et la lune fait briller le mur en pierre servant d'écluse à poissons à marée basse. Au large, Meyer n'aperçoit aucune lumière, aucun voilier. Il descend sur la plage et avance sur le muret, pour se rapprocher du large. Mais les pierres sont glissantes et Meyer manque de tomber à trois reprises. Il jure et fait demi-tour. Il entend des voix au-dessus de lui. Trois gendarmes sont là, sur la digue et l'éclairent. Ils interrogent le commissaire :

– Vous avez aperçu quelque chose ?

Un bruit de moteur se fait entendre, lointain. Une lumière à l'horizon survole la mer, elle semble très loin de la côte. Le téléphone de Meyer vibre. C'est Privat :

– Ceny n'est pas vraiment étonnée par nos hypothèses et nos découvertes. Petit est un personnage compliqué, qui peut parfaitement simuler. Selon le capitaine, la volonté de Petit de se justifier en permanence est un signe inquiétant. Il correspond aussi au profil de l'auteur : il habite l'île, la connaît parfaitement – terre et mer –, et n'a aucun lien direct avec les victimes ou leur famille.

Meyer scrute l'horizon, mais doute d'y apercevoir quelque chose. Privat continue :

– Quant à sa relation avec Claude Nougaro, c'est ce point précis qu'il faudra élucider. Ceny propose de venir l'interroger dès qu'il aura été arrêté.

– Parfait, qu'elle vienne. Je ne vois rien ici, tu as envoyé l'hélico ?

– Oui, il y a dix minutes à peu près.

Pendant le coup de fil, les trois gendarmes se sont positionnés de façon à balayer l'horizon le plus large possible. Les lumières aperçues tout à l'heure semblent avoir disparu. Tous attendent. Seul Meyer montre son impatience en allant de l'un à l'autre, scrutant le ciel, la mer, en vain. Il rappelle Privat :

– Tu as des nouvelles ? Ici on ne voit rien. Je vais aux Portes, au domicile de Petit, vérifier s'il y a quelqu'un ou pas.

– N'y va pas seul.

Les quatre hommes regagnent le parking et s'engouffrent dans la voiture de Meyer, plus discrète que le véhicule de gendarmerie. Ils se dirigent à vive allure vers le village, à 5 kilomètres. En arrivant dans la rue où se situe la brocante, Meyer ralentit et se gare sur un peu plus loin, phares éteints, pour ne pas éveiller l'attention. La brocante et la maison de Frédéric Petit sont plongées dans le noir. Le téléphone de Meyer vibre. Privat s'agite à l'autre bout du fil :

– Ça y est, on a repéré le voilier de Petit, au large des Portes-en-Ré ! Il se dirige visiblement vers l'ouest et le phare des Baleines. La navette arrive sur zone, je te rappelle.

Deux gendarmes descendent et s'avancent lentement vers la maison de Petit, la main sur leur arme de service. Tout est calme, rien ne bouge sous l'éclairage métallique de la pleine lune. Ils font le tour de la maison et de la brocante : aucun signe de vie, le chien Eagle s'est évaporé et la voiture de Petit n'est pas là. Après une inspection de la rue, les deux gendarmes regagnent le véhicule. Meyer reçoit un nouvel appel de Privat :

– Ça y est, les hommes de la navette vont donner l'assaut du voilier. Le bateau est sur pilote automatique et, coup de chance, la mer est peu agitée : ça leur facilitera la tâche...

– Tiens-moi au courant.

Meyer et les trois gendarmes attendent sans bruit, immobiles dans la voiture tous feux éteints. Meyer baisse la vitre. Au loin, on entend le roulement des vagues, bruit de fond sourd et continu. Le portable vibre :

– Interpellation réussie, sans blessé ! Ils ont trouvé une femme à bord, inconsciente mais bien vivante, dans la cabine, visiblement droguée. Petit s'est laissé arrêter sans se débattre ni protester. Les paroles et la musique de Claude Nougaro résonnaient dans tout le voilier : c'est grâce à ce volume sonore élevé que Petit n'a pas entendu les hommes monter à bord. Ils ramènent Petit et la femme à La Rochelle. Je m'occupe de lui à son arrivée. Le capitaine Ceny est en route. Tu rentres ?

13 février

La garde à vue, en présence du capitaine Ceny, est une révélation pour Meyer et Privat, pourtant aguerris à ce genre d'exercice. Le lieutenant, qui ne participe pas à l'interrogatoire et visionne en temps réel la vidéo, est frappé par la ressemblance physique de Frédéric Petit avec Claude Nougaro : même morphologie, mêmes lunettes rondes cerclées de métal, même voix.

– Comment cela a-t-il bien pu m'échapper ?

Privat soupire, se souvient des *Dix petits nègres* d'Agatha Christie et de la comptine anglaise à l'origine d'une série de meurtres complexes.

Les questions du capitaine Ceny sont expertes, habiles. Frédéric Petit, acculé et à bout, révèle les longues nuits d'errance pour obéir à *sa voix*, les filles qu'il fallait guetter, attirer et tuer, les rondes nocturnes et épuisantes pour trouver une opportunité, les précautions à prendre, les milliers de précautions à prendre chaque jour, comme des troubles obsessionnels compulsifs, pour éviter que quelqu'un ne repère ce manège infernal... Ses alibis étaient toujours établis à la minute près, ses gestes mille fois répétés : droguer les filles, les déshabiller, puis jeter leurs vêtements au large. Pour Laetitia Giraud, errance de bord de mer et hasard d'une rencontre, ici aucun alibi mais l'absence de preuves – combinaison, farine, sel et moule jetés au large. Ses vêtements ont failli lui coûter cher, une erreur de débutant due à la précipitation et un calcul erroné des courants marins au large du banc du Bûcheron. Pour Manon Pajot, l'aller-retour en voiture en pleine nuit depuis son hôtel de La Rochelle (25 minutes de trajet), une autre nuit d'errance et à La Couarde-sur-Mer, sa patience enfin récompensée, une jeune fille seule sur le pas de sa porte, cherchant ses clefs. Vertèbres minutieusement préparées depuis des jours dans la boîte à gants. Pour Béatrice Toussaint, la location anticipée d'une voiture de location, en attente à Port-des-Barques depuis le 6 février, pour effectuer le trajet aller-retour par la route nationale (1h10 de trajet). *Sa voix* lui disait de la tuer elle, seulement elle : il a dû s'introduire vers minuit dans son appartement (une serrure six goupilles ouverte en 2 minutes), la droguer puis l'emmener dans la voiture de location, garée non loin – l'obscurité comme un voile. Le reste n'est que répétition.

Puis Frédéric Petit révèle : *sa voix* qu'il entend depuis son adolescence, puis l'ordre d'incarner *sa voix* en devenant *son sosie* – j'étais flatté, quel honneur ! Je suis moi et je suis *lui*, parce qu'*il* l'exige et que je ne peux refuser. *Il* est magnifique et terrifiant. Ses paroles sont règle et dictent ma conduite. Et dans le silence glacé qui suit ces déclarations, Frédéric Petit se met à fredonner à voix basse, les yeux fixés sur ses bottes étanches : *Seule, une fille aux cheveux roux / Comme clouée sur une roue / Continue à tourner, tourner / Avec ses bras derrière son cou / Tourner, tourner, dans ses cheveux roux / Comme un soleil soudain devenu fou*[4].

Sur la table de navigation de *La Note bleue*, caché au milieu des cartes marines, les policiers ont retrouvé un journal tenu par Frédéric Petit. À l'intérieur, deux signatures cohabitent, inséparables : celle de Frédéric Petit et celle de Claude Nougaro – ou plutôt le sosie de Claude Nougaro. Les écritures agitées et nerveuses s'entremêlent, se superposent l'une l'autre, dans un cycle de luttes et de soumissions infernal. Il n'y a plus aucune place pour la réalité. Le capitaine Ceny précise que seule l'expertise psychiatrique pourra déterminer son degré de responsabilité. L'article 122-1 du Code pénal dispose que « la personne qui était atteinte, au moment des faits, d'un trouble psychique ou neuropsychique ayant altéré son discernement ou entravé le contrôle de ses actes demeure punissable ».

[4] *Quand Freddy est parti*, Claude Nougaro.

Lorsque la lune rousse se couche, le capitaine Ceny, les yeux brillants d'excitation et de fatigue, discute un long moment avec le lieutenant Privat devant la machine à café.

– Ce qui m'effraie le plus dans cette histoire, c'est le degré d'intensité de la maladie, le fait que Frédéric Petit ait réussi, sur une période aussi longue, à cacher ses symptômes...

Privat l'assaille de questions sur ses méthodes de travail, enchaîne les sujets et les cafés, posant, sans le savoir, les jalons d'une future collaboration.

Le commissaire Meyer, vautré dans le fauteuil du salon, contemple la toile de Chu Teh-Chun récemment acquise. Il n'a pas réussi à lire le journal de Frédéric Petit, photocopié en deux cent soixante-douze pages A4. Il a jeté les feuilles à peine lues dans toute la pièce, effrayé par ce dialogue intérieur, effrayé par certaines similitudes. *Je te déteste. Tu me déçois. Jamais quand il faut. Toujours incapable de. Je te hais.* Quelle est la frontière entre maladie et normalité ? Y a-t-il des bouées de navigation – balise de danger isolée, bouée d'avertissement, phare de jalonnement, feux d'entrée de port – pour éviter le basculement par-dessus bord et la noyade ? Quelle carte mentale permet d'arriver à bon port ? *Quiconque combat des monstres doit s'assurer qu'il ne devient pas lui-même un monstre*[5]... Meyer se lève, ramasse chacune des deux cent soixante-douze pages et prépare avec beaucoup de minutie un feu dans la cheminée toute juste ramonée : feuilles furieusement chiffonnées, petit bois, branches, bûche. Il débouche un Gewurztraminer vendanges tardives de 1985, appelle le lieutenant Privat qui ne répond pas, lui laisse un message sur son répondeur pour le féliciter. La lueur des flammes donne une teinte rubis à la robe couleur or, brillante et limpide, du vin.

[5] Friedrich Nietzsche.

Page 273

Je n'ai pas pu obéir à tes paroles, je n'ai pas su. À jamais j'ai échoué, à jamais condamné à naviguer entre deux moi... Je vais de l'un à l'autre, je me noie entre ces allers-retours, porte de prison – rayures de la fenêtre, je compte les pas grâce aux syllabes de tes paroles.

La danse est une cage où l'on apprend l'oiseau, c'est toi-même qui l'as dit.

Claude, mon très cher Claude, personne ne nous empêchera de vieillir ensemble.

Table des matières